民族之魂

兴学崇教

陈志宏◎编著

延边大学出版社

图书在版编目（CIP）数据

兴学崇教 / 陈志宏编著 . —— 延吉 : 延边大学出版
社 , 2018.4（2023.3 重印）
（民族之魂 / 姜永凯主编）
ISBN 978-7-5688-4523-6

Ⅰ . ①兴… Ⅱ . ①陈… Ⅲ . ①品德教育－中国－青少
年读物 Ⅳ . ① D432.62

中国版本图书馆 CIP 数据核字（2018）第 069662 号

兴学崇教

编　　　著：陈志宏
丛 书 主 编：姜永凯
责 任 编 辑：孙淑芹
封 面 设 计：映像视觉
出 版 发 行：延边大学出版社
社　　　址：吉林省延吉市公园路 977 号　　邮编：133002
网　　　址：http://www.ydcbs.com　　E-mail：ydcbs@ydcbs.com
电　　　话：0433-2732435　　　　　传真：0433-2732434
发行部电话：0433-2732442　　　　　传真：0433-2733056
印　　　刷：三河市同力彩印有限公司
开　　　本：640×920 毫米　　　　1/16
印　　　张：8　　　　　　　　　　字数：90 千字
版　　　次：2018 年 4 月第 1 版
印　　　次：2023 年 3 月第 2 次印刷
ISBN 978-7-5688-4523-6

定价：38.00 元

人有灵魂，国有国魂；一个民族，也有民族魂。

鲁迅先生曾经说过："唯有民魂是值得宝贵的，唯有他发扬起来，中国才有真进步。"

鲁迅先生以笔代戈，战斗一生，曾被誉为"民族魂"。

民族魂，顾名思义，就是一个民族的灵魂！民族魂，是一个民族的精髓，体现了一种民族的精神，是一个民族生存和存在的精神支柱。

什么是中华民族的民族魂？那就是中华民族精神！它是中华民族凝聚力的理念核心，是中华文明传承的基因。它包含热烈而坚定的爱国情感，对生活的美好愿望和追求，为目标努力奋斗的拼搏毅力，为正义事业不惜牺牲自己的精神，以及正确的人生观和价值观。

前 言

翻开浩瀚的中国历史长卷，我们可以看到数不胜数的，体现民族精神和民族魂的英雄人物和可歌可泣的感人故事。

民族魂，不仅体现在爱国主义精神和行动中，而且体现在各个领域自强不息的民族奋斗中。而中华民族精神的力量，更是深深植根于延绵几千年的传统文化之中，始终是维系中华各族人民共同生活的纽带，是支撑中华民族生存和发展的精神支柱，是不断推动中华民族前进的强大动力。

民族魂体现在"重大义，轻生死"的生死观中；民族魂体现在"国家兴亡，匹夫有责"的使命感中；民族魂体现在"我以我血荐轩辕"的大无畏精神中；民族魂体现在将国家利益置于最高的爱国情怀中！

纵观中华五千年文明史，曾经有多少杰出的政治家、军事家、思想家、文学家、科学家、艺术家；曾经有多少忧国忧民、鞠躬尽瘁的仁人志士；曾经有多少抗击外敌、英勇献身的民族英雄。他们或顺应历史潮流，积极改革弊政，励精图治，治国安邦，施利于民；或为人类进步而不断进行着农业、工业、科技、社会等各种创新；或开发和改造河山，不断创造着灿烂的中华文明；或英勇反击外来侵略，捍卫着国家主权和民族尊严；或坚决反对民族分裂，维护国家的统一……他们从不同的侧面，体现了中华民族的民族魂，谱写了几千年中华文明的壮丽诗篇，铸造了中华民族高尚而坚不可摧的"民族之魂"。

民族魂，就是爱国魂。从屈原在汨罗江边高唱的《离骚》，到文天祥大义凛然赴死前的"人生自古谁无死，留取丹心照汗青"的诗句；从岳飞的岳家军抗击入侵金兵，到郑成功收复台湾；从血雨腥风的鸦片战争，到硝烟弥漫的十四年抗战，再到抗美援朝的隆隆炮声……哪个为国捐躯的英雄不是可歌可泣的？

民族魂，就是奋斗魂。从勾践卧薪尝胆，到司马迁秉笔直书巨著《史记》；从鉴真东渡传播佛法终在第六次成功，到詹天佑自力更生建铁路；从袁隆平百次实验成为"水稻之父"，到屠呦呦的青蒿素获得诺贝尔奖……哪个不是历经艰难，最终取得成功？

民族魂，就是改革献身魂。从管仲改革到商鞅变法；从王安石变法到百日维新……哪次变法图强不是要冲破

旧势力的阻挠，或流血牺牲？

民族魂，就是创新魂。古有毕昇发明活字印刷，今有王选计算机照排；古有指南针、造纸术、火药、浑天仪、地动仪的发明，今有神舟号的相继飞天……哪个不是中华民族的智慧结晶？

自古以来，多少仁人志士为了维护人格的尊严和民族气节，以生命为代价！留下了"玉可碎不可污其白，竹可断不可毁其节"的称颂；有多少英雄豪杰，为理想和事业奋斗，面对死亡的威胁，大义凛然；有多少爱国壮士面对侵犯祖国的列强，挺身而出而献出生命。

伟大的中华民族孕育了五千年的辉煌，五千年的历史留下了璀璨的中华文明。

前言

中国人的血脉流淌着顽强不屈的精神！我们的先辈用血汗和生命铸就了不朽的中华民族魂！换得如今中华大地的一片祥和安宁，换得我们现在的幸福生活。如今，我们要实现习近平主席提出的中国梦，依然需要我们秉承祖辈留下的这种"民族魂"。

青少年是国家的希望，亦是民族的未来。因此，爱国主义教育和励志图强教育要从青少年开始。为了增强对青少年的民族精魂和志向教育，我们精心编写了本套丛书——《民族之魂》丛书。

本套丛书将我国有史以来体现民族精神和民族魂的典型事迹，以通俗易懂的语言故事形式展现出来，适合青少年的阅读水平和欣赏角度。书中提供的人物和事件等故事，涉及社会的各个方面，有利于青少年学习和理解，使读者能全方位地领悟中华民族精神。

为了帮助读者更好地理解和吸收故事的精神，编者在每篇故事后还给出了"心灵感悟"，旨在使故事更能贴近现实社会，让读者结合自身的需要学习领会，引发读者更深入的思考。

希望读者们可以从本套图书中获得教益，通过阅读，真正体会到中华民族之魂所在，同时能汲取其精华，不断提升自己各方面的素质和品格，为祖国新时代的建设和发展做出努力。

全套丛书分类编排，内容详尽，风格独具，是广大读者尤其是青少年爱国励志教育的优秀阅读材料。相信本套丛书一定可以成为青少年朋友的良师益友。

民族之魂

导言

　　"兴学崇教"，意为兴办学校，崇尚教育，促进教育事业的发展。"崇教兴学"是中国自古以来的优秀传统理念之一，重视教育成为大众的普遍理念。上至政府官员，下至普通百姓，都把教育视为要务，以各种形式兴教办学。不少古代贤哲立志为天地立心，为生民立命，为往圣继绝学，为万世开太平，把兴学施教看作是自己的天职。孔子是中国施行教育的开先河者。

　　在中国历史的长河中，倡学兴教的先贤们，为兴办学校推广教育，可谓是殚心竭力。他们勇于开拓，克服艰难，不断地探索教育规律；他们以循循善诱的方法和诲人不倦的理念，一代代地施行着提高民族文化、提高知识的教育行为，表现出高度的历史使命感和对文明进步、社会完善的强烈责任心，体现出高尚的道德情操。正是因为他们艰苦卓绝的努力，中国古代教育事业才有极大的发展，曾经在很长历史时期内，中国的教育遥遥领先于世界，对人类文明的进步作出了重要贡献。

　　本书所选的内容，从不同方面表现了我们的先人们献身教育的德行。

　　第一，开创学说，矢志弘道，为中国传统文化确立基本的理论模式和价值体系。"教育大家孔子"开兴学之先河；朱熹为官一方以兴学为事；王守仁贬谪荒蛮之地仍潜心思学。从他们身上可以看到古代贤哲执着于真理与道义的追求，看到他们无私奉献、坚韧不拔的品德。

第二，提倡教育，身体力行。兴学就是开智育德、教书育人。古人云，教者，效也。皇帝执教、大臣倡导就是一种表率作用，可以促进重教风尚的形成。"齐国设学宫兴学""苻坚广修学宫开教育""应天府书院学风严谨""康熙重西学研百术""光绪帝废八股创新学堂""石勒敬儒生重教育"等内容，尤其为我们提供了典范。

第三，广修学校，普及教育。崇教兴学是全社会的共同事业，利国利民。"文翁兴学教化蜀地""岳麓书院历沧桑""朱熹与'白鹿书院'""石鼓书院人才辈出""杨斯盛兴业办学"等故事，表现了先贤们积极推广教育、促进教育事业发展的践行。

第四，创新理念，教书育人。"荀子劝学论""郭泰教书育人""张载创立'关学'""维新派首创女子学堂""胡瑗授学因材施教""陶行知'教育救国'"等内容，堪称是经典范例。

总体来讲，中国古代的教育以道德教化为中心，从根本上说，这种教育是为维护封建专制统治服务的，教育的目的、内容有着鲜明的时代特征和历史局限，已不能适应当代的需求。但是，传统教育在长期实践中也形成了许多有价值的内容，崇教兴学、尊师重道等精神和德行则是中华传统文化中的优秀遗产，我们应该批判地继承和发展重视教育的优秀民族精神，以促进社会主义教育事业的发展。

目录
CONTENTS

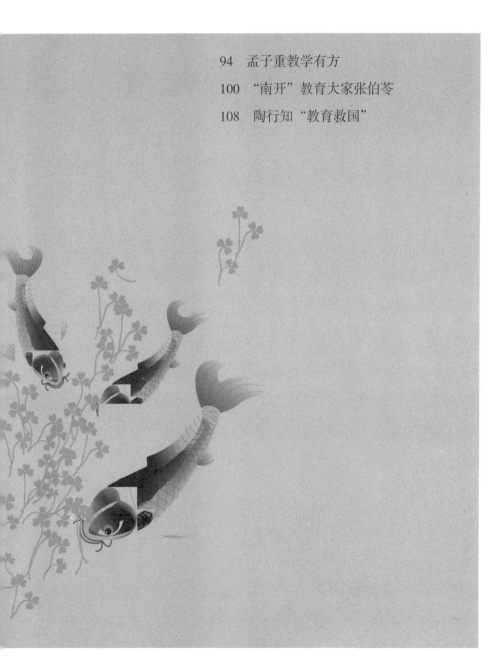

第一篇
明理至上兴学重教

文翁兴学教化蜀地

文翁（前187—前110），名党，字仲翁，西汉官吏，庐江郡舒县（今安徽舒城县）人。汉景帝末年为蜀郡守，他兴教育、兴贤能、修水利，政绩卓著。

西汉时候有位文翁，是庐江舒县人（今安徽舒县）。他从小就喜欢念书，长大后进官府做事，景帝末年官拜蜀郡郡守，到四川去上任。

当时，蜀地的文化教育十分落后，人们不读书不看报，仿佛蛮夷一般。文翁看到这种情况，觉得不好，决心在任内把蜀郡变成有文化、有涵养的文明乐土，培养蜀人尊重知识、热爱学习的风气氛围。

文翁做的第一件事就是从蜀郡及下辖各县的小吏中选拔了十几个天资聪颖、乐意读书的人，把他们送到长安，跟着京城的学者们学习。他们有的向五经博士们学习儒家经典，有的跟着行政官员学习律令。文翁则在蜀地做好这批学生的后勤保障工作，还为此削减了蜀郡的行政开销，把省下来的钱跟蜀地特产一起送到京师，交给导师们，作为蜀郡学生的培养费用。几年以后，这第一批学生定向委培结束，回到四川的工作岗位上，一个个都得到了文翁的重用。他们中的不少人因为政绩突出，后来担任郡守、刺史等重要官职。

可是去京城的名额毕竟有限，不可能满足大量培养人才的需要，所以文翁又有了第二项创举，就是在蜀郡首府成都开办官学。这在全国各郡还是头一家。文翁规定，凡进官学求学的蜀郡子弟，可以免除徭役；学成毕业后，根据考核成绩决定留用去向，成绩好的可以在郡县机关当官吏，成绩差些的可以做乡官。

规定一出，不少蜀郡子弟跃跃欲试，可也有很多人持观望态度——读书真的就那么管用么？这样，第一年招到的学生不是很多。

文翁对这些到官学读书的后生们寄予厚望。他平常办公的时候，经常找一些官学学子在一旁观摩实习；到郡县视察的时候，也总是挑一些官学子弟随同前往。这些学生们到了基层就帮助文翁宣谕政令、走访百姓，看起来很是体面风光。蜀郡的官民们渐渐地都感到在官学里读书是件特别光荣的事，报名学习的人越来越多。不到几年的工夫，进官学的竞争已经相当激烈，有些富人还想办法花钱让孩子去念书。

经过文翁的一番举措，蜀地的风气果然发生了天翻地覆的变化。人们乐意读书、仰慕文雅，在京师求学的蜀人数量跟齐鲁不相上下。

后来，汉武帝把文翁的经验在全国推广，各地郡国都设立了自己的官学。

文翁最后死在了四川任上。四川官民为了纪念他对蜀地发展作出的贡献，凑钱为他修建了祠堂，每年都来祭祀这位父母官。

■**故事感悟**

文翁是古代"科教兴国"的典范。在当代，我们要"科教兴国"，就要继承和发扬前人的崇教兴学精神。

文翁石室

文翁是中国历史上的"第一位校长",他首创公立学校,给我们留下了一个文翁石室。从古代的"文学精舍讲堂"(公元前141年)、"文翁石室"(历代大多这样称谓),到近代的"锦江书院"(1701年),到现代的"成都府师范学堂"(1902年)及"成都府中学堂"(1904年),直至现在的"石室中学",培养了数以万计的各种人才。在同一地址连续办学已达2145年,成为世界教育史上的奇迹,实现了教育的"可持续发展"。

原中国科学院院长郭沫若撰写楹联:"爱祖国爱人民为建设社会主义而学习,求真理求艺术愿增进文翁石室之光荣。"北京大学著名学者季羡林教授为石室中学题词:"古今一校,扬辉千秋。"这两位学界泰斗的楹联和题词,充分肯定了文翁兴学的历史地位与现实意义。

"文翁石室"一创立就是"公立"的,是政府办学,且面向平民招生,这在中国历史上是有划时代意义的。《汉书》上明确记载:"至汉武帝时,乃令天下郡国,皆立学校官,自文翁为之始云。"在文翁之前,中国的地方政府并没有"公立学校",文翁开创了地方政府兴办"公立学校"之先河。当时"京都"所在地的"中央政府",并没有办招收平民的"公立学校"。可见,就全中国范围看,文翁实属首创"公立学校"。文翁兴办"公立学校"得到了当时中国的两位最高领导者——汉景帝和汉武帝的嘉奖,并下令全国各郡县都要像文翁那样建立"公立学校",大大推动了中国教育事业的发展,这在世界教育史上也是空前的。由此可见,文翁兴学具有"原创""领先"的历史地位,不可动摇。

古代教育家文翁

《中国大百科全书》教育卷中列选了中国古代教育家29人,其中"文翁"这一条目中写道:"中国西汉蜀郡太守,汉代郡县学的发轫者。""文翁兴学的成就,不仅培养了一批吏材,如张叔,汉武帝时征为博士,官至侍中、扬州刺史;而且推动了邻近属县的兴学,如'巴汉亦立文学'。蜀地此后出现司马相如、扬雄等知名才学之士,与文翁兴学造成的社会风气亦不无关系。景帝嘉奖文翁兴学,'令天下郡国皆立文学',至武帝,又下令'天下郡国皆立学校官'。文翁兴学,实为中国历史上地方政府设立学校之始。"

荀子劝学论

荀子（约前313—前238），名况，字卿，因避西汉宣帝刘询讳，故又称孙卿（"荀"与"孙"二字古音相通）。荀子是战国末期赵国猗氏（今山西安泽）人，他是著名的思想家、文学家、政治家，是儒家代表人物之一，时人尊称"荀卿"。荀子曾三次出任齐国稷下学宫的祭酒，后为楚兰陵（今山东兰陵）令。荀子对儒家思想有所发展，他提倡性恶论，常被与孟子的性善论作比较。荀子对重整儒家典籍也有相当的贡献。

荀子的学识渊博，在当时已被人们所公认。他先后游历过燕、赵、齐、秦、楚等国，见过诸如燕哙、秦昭王、秦相范雎、孙膑、赵孝成王、齐王建、春申君等杰出的政治家、军事家。尤其值得一提的是，他还曾经多次到过齐国的文化中心地——稷下，与不少有名的学者在那里互相切磋学术，并且三次做过这个讲学场所的祭酒（首领），德高而望重。晚年，荀子著书立说，留有《荀子》一书传世。他教过的学生也很多，其中亦不乏当时的名人，如法家的代表李斯、韩非都曾师从于他，是他的高徒。

个人的博学、广交知名学者与传道授业，这些经历使得荀子在治学上积累了不少精辟的主张。在他的著作中，论及治学之处，几乎比比皆是。

"学不可以已"是荀子一贯的思想。他强调一个人的学习是不可以终止的，只有不间断地去学，才能够有所进，也才能够成才。他深刻地说："吾尝终日而思矣，不如须臾之所学也。吾尝跂而望矣，不如登高之博见也。登高而招，臂非加长也，而见者远。顺风而呼，声非加疾也，而闻者彰。假舆马者，非利足也，而致千里。假舟楫者，非能水也，而绝江河。君子生非异也，善假于物也。"

学，对于一个人来说，像博见之于"登高"，闻声之于"顺风"，"致千里"之于"舆马"和"绝江河"之于"舟楫"一样，君子能够假于"学"，就可以不同于常人而"异"了。

荀子还以"木受绳则直，金就砺则利"来作比喻，说明"君子博学而日参省乎己，则知明而行无过矣"。木有了绳矩，便能直；金属刀刃经过磨砺，才能锋利。与这个道理一样，一个人要想聪明而又不犯错误，就只有学习。

荀子认为，学习不能满足于已有的成就，应该不断地有所发明、有所进展，日渐而月进，并且要使之产生质变。他说："君子之学如蜕，蟠然迁之。"据傅山《霜红龛集》卷二十五考据、解释，"学如蜕"就是"君子学问，不时变化，如蝉蜕壳"。蝉之蜕壳，是其成虫的表现。君子治学，亦应不断地由量变而达于质变，正是在孜孜不倦中，才能使自己的学问臻于成熟。

为了说明学习要如"蜕"的道理，荀子还用颜色变化和冰与水的关系打比方。他说："学不可以已。青，取之于蓝，而青于蓝；冰，水为之，而寒于水。"这里，荀子所喻的青与蓝、冰与水，它们的辩证关系，同样很生动地表明了学习中的"进""渐"与质变的发展过程。

虚一而静，指的是学习态度。虚者，虚心、谦虚也。一个人要想学有所成，就必须"不以所已臧（藏），害所将受"。任何人在自己的头脑里都必然储存了一定的知识，并且已经形成一定的主观看法，学者应该有的态度是不让这些知识、成见成为自己接受新知识的障碍。这便是"虚"，否则就是"满"了。"满招损，谦受益"的成语是值得学者记取的。

"一"是专一、专心致志的意思，"学之道，贵以专"，古人始终是这样主张的。三心二意地坐在那里，想着别的事，这种态度是决然学不好的。荀子对"一"做了具体的要求："目不两视而明，耳不两听而聪。"很清楚，我们要是真的做到了这一点，学习是一定会有所长进的。

"静"，指的是心要静，摒弃一切杂念。正如荀子所说，"不以梦剧乱知，谓之静。"如同梦境一样的幻想和强烈的感情冲动都会乱心，使人难以入静。只有排除这些杂念而静下心来，才能够进行学习和钻研。

"虚一而静"，看来确实是一个学者治学的首要态度，它无疑也正是荀子的一项治学的宝贵经验。

荀子说："不积跬步，无以至千里；不积小流，无以成江海。骐骥一跃，不能十步；驽马十驾，功在不舍。锲而舍之，朽木不折；锲而不舍，金石可镂。"这段话可谓逻辑严密、论证充实。它先是以"跬步""至千里"，"小流""成江海"，以及"骐骥"与"驽马"等作比喻，说明学习贵在聚少而成多，积小而成大，积量而达到质变的道理；最后则以"锲而不舍，金石可镂"道出了"韧"在治学中的作用。

事实证明，任何人治学，只有持之以恒，日月坚持，终年不辍，才可以有成。英国的伟大作家狄更斯就说过："顽强的毅力可以征服世界上任何一座高峰。"在征服学问那一座座高峰的道路上，缺乏恒心，没有韧性，"一曝十寒"，是不可能享受到真正成功者的喜悦的。在治学上，荀子还十分重视师友的作用。他把师的地位提得非常高："天地者，生之本也；先祖者，类之本也；君师者，治之本也。"在荀子看来，君与师几乎并重，都是一个社会得以大治的根本。因此，他又说："国将兴，必贵师而重傅……国将衰，必贱师而轻傅。"

有了好的老师，便可以学好，"得贤师而事之，则所闻者尧、舜、禹、汤之道也"。对于一个有志于学的人来讲，能够得到好的老师是一个最为便捷的途径："学莫便乎近其人，学之经莫速乎好其人，隆礼次之。"

友，在一个人的学习中也是重要的因素。荀子提出，学者应"亲友"，以求得在治学上的"好善无厌，受谏而能诫"，即不断地得到批评和指正，而日有所成。他还明确地说明了朋友的作用："得良友而友之，则所见者忠信敬让之行也"，以致"身日进于仁义而不自知也者"。友人的互相切磋，朋友间潜移默化的熏陶，对于一个学者的成长是十分重要的，也是应该非常珍惜的。

▢故事感悟

有志于学的读者，荀子以上的这些劝学名言是不是可以作为你的座右铭，以资镜鉴，并从其中获得某些裨益呢？希望你能够得到肯定的回答。

▢史海撷英

荀子的"性恶论"

中国古代人性论的重要学说之一认为，人的本性具有恶的道德价值。战国末期荀子倡导这种理论。性恶论认为人性有恶，强调道德教育的必要性；性善论认为人性向善，注重道德修养的自觉性。二者既相对立，又相辅相成，对后世人性学说产生了重大影响。

《荀子·性恶》中，荀子认为人性有两部分：性和伪。性是人先天的动物本能，是恶；伪是人后天的礼乐教化，是善。性（动物本能）的实质是各种欲望，如果顺从性，人就会为满足欲望不择手段，导致道德沦丧、天下大乱。圣人知道性是恶的，所以创制礼义道德，"化性起伪"，用伪取代性，使人变善。

达尔文进化论也能佐证"性恶"这一点，因为生物在进化历程中，只有进化出生存欲、占有欲才能存活。为了自己的生存牺牲他人，占有尽可能多的生存资源，消灭竞争者，这是性，是恶。

那么为什么要伪？善有什么用？《荀子·王制》中又说：论力气，人不如牛；论速度，人不如马，然而人却驯化了牛马为己所用，这是为什么？因为人能组成社会，团结一致，而牛马等兽类不能。人为什么能组成社会？因为人有道德（义）。有了道德，就能组成牢固的社会，使人的力量大增，人类繁荣发展，幸福生活。道德的作用就是维持社会内部秩序，构建"和谐社会"。

这就是伪的作用。伪（礼义道德）能维持社会的正常秩序，保证人类的生存。

■ 文苑拾萃

《劝学》

《劝学》作为《荀子》的开篇之作，是一篇论述学习的重要意义并劝导人们以正确的目的、态度和方法去学习的散文。文章以朴素的唯物主义为理论基础，旁征博引，娓娓说理，反映了先秦儒家在教育方面的某些正确观点，也体现了作为先秦诸子思想集大成者的荀子文章的艺术风格。

《劝学》是一篇说理性很强的文章，驾驭不好，是很容易流于枯燥和单调的。这篇文章却形象清新、脍炙人口，千百年来为人们传诵不衰。原因何在？最重要的是在于，它把深奥的道理寓于大量浅显贴切的比喻之中，运用比喻时手法又极其灵活自然，整篇文章生动鲜明而绝无枯燥的学究气。如文章开首，连用"青，取之于蓝，而青于蓝""冰，水为之，而寒于水""木受绳则直""金就砺则利"四个比喻，从不同的角度和侧面来阐述"学不可以已"的道理，堪称雄辩奇才，口若悬河，滔滔不绝，收到了先声夺人的强烈效果。

值得指出的是，文中所用的喻体几乎都是常见的、易懂的，这些仿佛信手拈来的通俗明了的比喻，都会使人自然而然地联想到某些直观、浅近的形象事物，进而连类比物，启迪思考，接受作者所说的深刻道理。

齐国设学宫兴学

齐襄王（？—公元前265），本名田法章。齐襄王是齐湣王之子，田齐政权第七任国君。湣王死于淖齿之手，法章改变姓名到莒太史家中做佣人，并私得太史之女所爱。公元前283年，莒人立法章为襄王，田单破燕军，收复齐地后，迎接襄王返回都城临淄。

春秋战国时期，我国学术文化曾出现过空前繁荣的局面。战国时代，齐国的稷下学宫则是这种学术文化百家争鸣盛况的一个缩影。

战国之时，各诸侯国皆以富国强兵能"王天下"为目标。许多国君和贵族都注意招揽士人，来为自己出谋划策。东方的齐国，自田氏代齐以后，从桓公午（？—前357年）开始，为了延招天下士人，在都城临淄（今山东省淄博市东北）的稷门处设立了一座学宫，称稷下学宫。后来，齐宣王（？—前301年）喜文学游说之士，采取"趋士""贵士""好士"的政策，稷下学宫进入兴盛时期，学士多达"数百千人"。此后，学宫时盛时衰。到齐国灭亡为止，前后断断续续大约维持了一百四十多年的时间。

为了吸引各国贤士来到齐国，促进稷下学宫的发展，齐国的统治者制定了许多优惠的政策和措施。他们动用大量的人力、物力和财力，修建了高大宽敞的学宫，"为开第康庄之衢，高门大屋，尊宠之"。对前来著书讲学的学者贤士，不论什么学派，不管什么出身，不问来自何处，只要有真才实学，成一家之言的，一律表示欢迎。淳于髡虽然是奴隶出身，但由于他是个能言善辩、出口成章的文学家，就被延入学宫，受到人们尊重。学者在学宫，既可著书言治乱之事，也可以搞自己感兴趣的各种研究，齐国政府对他们的言论概不干涉。对国君进行面谏、讽谕、批评者，尤受欢迎。齐威王规定，面刺国君之过者，上书向国君进谏者、谤议于市朝者，可分别受到上赏、中赏和下赏。齐国政府还予学者贤士以优厚的待遇，如给田骈"赀养千钟，徒百人"，给孟子"从车数十乘，从者数百人"；并根据他们的学问、资历和贡献，分别授予上大夫、列大夫、博士、学士等称号和荣誉，荀子在学宫长期供职，齐襄王时"最为老师""三为祭酒"。

正是由于齐国统治者的这些优惠政策和开放态度，吸引了各国的大批学者。他们或"言治乱""干世主"，为齐政权服务，但更多的是讨论学术文化方面的课题，如天、人、物、性、道、理、名、实、五行等等，涉及了哲学、伦理、历史、逻辑学等许多方面的内容。

由于有这样一个比较自由宽松的环境，学者们经常在学宫互相切磋，彼此讨论。不论是学富五车的博学之士，还是初到稷下的学子，大家都以平等的态度展开交锋，各持其说，互不相让。但是，争论辩难尽管非常激烈尖锐，学者之间却并不意气用事，也不固执己见。他们深知"舍短取长，则可以通万方之略"，把争鸣作为检验和完善自己学说的手段，通过辩论看到自己的短处，发现对方的长处，取人之长以补己之短，使自己的学说不断地得到完善和发展。荀子即是通过对"十二子"理论的辩难而形成自己完整的理论体系；孟子也是通过辩论吸收道家的"寡欲"论，来充实自己的"尽心"说；慎到、田骈则在自己的黄老学说中融进了某些法家思想。一批名著也在这种环境中脱颖而出，仅见于《汉书·艺文志》记载的，就有《田子》(田骈)、《娟子》(娟渊)、《捷子》《慎子》(慎到)、《尹文子》(尹文)、《宋子》(宋钘)、《孙卿子》(荀子)等。

■故事感悟

学术文化的发展繁荣，需要有比较宽松自由的环境，同时也需要有勇于探索、敢于争辩的精神。舍此而求他途，学术文化就只能陷于停滞和枯萎。樱下学宫的历史，正是在这点上给我们留下了宝贵的经验。

■史海撷英

齐襄王轶事

齐襄王为人褊狭，嫉妒田单。有一次经过淄水，见一老人涉水，受不住寒冻，出水后无法行走，田单就脱下皮衣，给老人穿上。襄王看了很不舒服，认为田单在收买人心。贯殊给他出主意，劝他不如顺水推舟，嘉勉田单的善事，让老百姓知道田单爱民是君王所教。

■文苑拾萃

《报燕惠王书》

《报燕惠王书》是战国时期燕国大将乐毅回复燕惠王的信。乐毅曾率燕军和赵、韩、魏、楚联军大破当时最强大的齐国，并在半年内连下齐国70余城，战功彪炳，齐国仅余莒城和即墨两城苟延残喘。乐毅围两城两年有余，欲以攻心之术彻底降服齐国，被齐国派人离间说其有自立之心。当时燕昭王去世，燕惠王即位。燕惠王和乐毅本有嫌隙，就派人持书召回乐毅而委骑劫为将，乐毅因此而奔赵。后来，齐国田单以火牛阵大破燕军，失地尽复，燕国势弱不得不割地求和。这时燕惠王想起乐毅的功劳，去信请乐毅回燕国，而乐毅就此写下《报燕惠王书》。

陈继儒撰《读书十六观》

陈继儒（1558—1639），字仲醇，号眉公、麋公，华亭（今上海松江）人，是明代文学家和书画家。陈继儒是诸生，他屡被荐举，却坚辞不就。陈继儒工诗文、书画，书法师法苏轼、米芾，书风萧散秀雅。他擅墨梅、山水，画梅多册页小幅，自然随意，意态萧疏；其山水多水墨云山，笔墨湿润松秀，颇具情趣。陈继儒论画倡导文人画，持南北宗论，他重视画家的修养，赞同书画同源。陈继儒有《梅花册》《云山卷》等传世，还著有《妮古录》《陈眉公全集》《小窗幽记》。

陈继儒《明史》有传，称他"工诗善文，短翰小词，皆极风致，兼能绘事。又博闻强识，经史诸子、术伎稗官与二氏家言，靡不较核"，先后受到徐阶、王锡爵、王世贞、顾宪成、董其昌等名流的推重。黄道周曾自称"志尚高雅、博学多通，不如继儒"，侍郎沈演及御史给事中诸朝贵也曾先后论荐，但他一心"杜门著述有终焉之志"。朝廷多次诏征，他都托病推辞不就。继儒性喜奖掖后学，并且善于教诲，"片言酬应莫不当意"，在江南一带极负声望，一时士子"争欲得为师友"，前往问学求教征请诗文者络绎不绝，"屡常满户外"。

陈继儒一生有酷爱藏书、读书之癖，经常高兴地对弟子说："吾读未见书如得良友，见已读书如逢故人。"他晚年"抽忆旧闻"，把古今学者围绕读书的目的、态度、方法等方面足资借鉴的言行事迹纂为一篇，得十六条，名为《读书十六观》，作为激励、指导子弟读书的榜样。称"十六观"，是指阅此十六条而可观止之意。

《十六观》辟首引吕献可的一段话："读书不须多，读得一字行取一字。"又引伊川先生语："读得一尺不如行得一寸。"言简意赅，强调读书的目的在于学以致用，反对脱离实践死读书，以此为"读者当作此观"之第一条。书中还列举了范质做官后手不释卷的事例，范质认为既然"吾当大用"，就更应抓紧读书，否则"无学术何以处之"！

倪文节公曾说："松声、涧声、山禽声、夜虫声、鹤声、琴声、棋子落声、雨滴阶声、雪洒窗声、煎茶声，皆声之至清者也，而读书为最。闻他人读书声已极喜，更闻子弟读书声则喜不可胜言者矣。"这真是世上最美好的礼赞读书的颂歌！倪公又说："天下之事利害常相半，有全利而无少害者惟书。不问贵贱、贫富、老少，观书一卷则有一卷之益，观书一日则有一日之益，故有全利无少害也。"《十六观》借此以说明读书有益，竭力劝读。

叶石林以"后人但令不断书种，为乡党善人足矣"作为训示子孙的家训，表明对读书的高度重视。郎基清则做官不事营造，曾说："任官之所，木枕亦不须作，况重于此乎？"但"唯颇令人写书"，体现了不讲排场、不图舒适，唯重写书、读书的高雅情趣。

《十六观》在表彰乐读方面，援引了赵季仁和罗景纶的对话。赵季仁表示："某生平有三愿：一愿识尽世间好人，二愿读尽世间好书，三愿看尽世间好山水。"罗景纶答称："尽则安能，但身到处莫放过耳。"即使不能实现读尽天下好书的愿望，也要做到不放过所能遇见的好书，尽力多读。

古人读书至精彩处如身临其境，能激起强烈共鸣，一则是书好，有魅力；再就是读得认真、忘情。陈子兼读《史记》窦灌、田蚡传，"想其使酒坐骂，口语历历如在目前，便是灵山一会俨然未散"。苏子美每晚读书一斗，并豪饮助兴。当读到《汉书》张良传至张良与客狙击秦始皇处时，抚掌感叹道："惜乎击之不中！"不觉满饮一大杯；又读至张良对刘邦说："臣起下邳，与上会于留，此天以授陛下"，又不禁抚案道："君臣相遇共难如此。"复举一大杯。读好书能产生如此强烈的震撼力，真是人生一大乐事。子美外舅杜祁公感叹道："有如此下酒物，一斗不足多也。"

陈继儒还向学子倡导颜子推等人的读书态度。颜子推在《颜氏家训》中说："吾每读圣贤之书，未尝不肃衣对之，其故纸有五经词义及贤达姓名，不敢秽用。"温公教子曰："贾竖藏货贝，儒家惟此（书）耳，然当知宝惜。今释子、老氏犹知尊敬其书，岂以吾儒反不如乎？"赵子昂书跋则云："聚书、藏书良非易事，善观书者，澄心端虑、净几焚香，勿卷脑、勿折角、勿以爪侵字、勿以唾揭幅、勿以作枕、勿以夹刺，随损随修，随开随掩，后之得吾书者并奉赠此法。"

关于读书方法，《十六观》重点推荐董遇等人的反复习诵和苏东坡的八面受敌之法。董遇随身携带经书，有空便反复习诵，对从学求教的弟子并不先行讲解，而是要求"先读百遍而义自见"。栾城也说："看书如服药，药多力自行。"苏东坡的《与王郎书》则强调："少年为学者，每一书皆做数次读。当如入海，百货皆有，人之精力不能兼收尽取，但得其所欲求者尔，故愿学者每次作一意求之。如欲求古今兴亡治乱、圣贤作用，且只作此意求之，勿生余念；又别作一次求事迹文物之类，亦如之也。若学成八面受敌，与涉猎者不可同日而语。"初学者对那些有价值的好书，正当带着问题反复精读，必能增长识力，大见成效。

古代无公共图书馆，学者常向私家借阅。借阅者当如江禄"读书未竟，虽有急速，必待卷束齐整，然后得起，故无损败"，只有爱惜书本，方得再借不难，"人不厌其求假"。齐王攸借读图书，发现其中的差错，认真加以订正，"手刊其谬，然后返之"，也颇受书主人的欢迎。藏书者也不应垄断知识，如孙蔚"家世积书，远近来读者恒有百余人"，孙蔚不但慷慨借阅，而且"为办衣食"，这种做法就很值得提倡。刘显在学府每与孔奂共读，"论深相难"，颇为知契，后将"所保书籍寻以相付"，堪称书得其人，书尽其用，更好地发挥藏书的作用。

陈继儒还从爱惜书籍推及到怜爱人才。《十六观》引黄涪翁的话说："擘书覆瓿、裂史粘窗，谁不惜之？士厄穷途、陷落冤阱，闻者不怜、遇者不顾，听其死生。"这真是"贤纸上之字而仇腹中之文，哀哉！"《十六观》辑录此条，确实良有深意，发人深省。

陈继儒还在《十六观》之后作了一个补注，自称写毕《十六观》投笔而梦，一长者抚背曰："尽信书则不如无书。"继儒觉得"此正为文害词，词害义处下一转语耳"，于是"觉而志于纸尾以为《十六观》补"。陈继儒虽酷爱读书，却并非死钻书本的书呆子，29岁那年曾取儒衣冠焚弃之，"通明高迈""意豁如也"。他不应诏征，也并非不问世事，而是一生著述、讲学孜孜不倦。托言老人示梦，其实是夫子自道。用"尽信书则不如无书"，与篇首"读得一尺不如行得一寸"首尾照应，如画龙点睛，满篇皆活，极耐寻味。

《读书十六观》虽是述而不作，但分明表达了编选者的看法，经陈继儒这样"博学多通"大家的甄选推荐，愈加熠熠生辉，具有很高奖劝、指导学子读书的价值，在当时备受欢迎。《明史·隐逸传》说继儒常"刺取琐言僻事，诠次成书，远近竞相购写"，《读书十六观》便属于这类循循善诱教诲后学文字中的佼佼者。

土木之变

明初对蒙古瓦剌实施"羁縻之策"，在宣化、大同等地开放马市，互通贸易。正统十四年（1449年）也先派2000人来进马，诈称3000人，以冒领粮食。太监王振把瓦剌贡马价格削减，激怒瓦剌，成为战争的导火索。七月，瓦剌分四路进攻明朝，也先主力进攻大同，明军失利，传至京师，朝野震惊。明英宗朱祁镇在王振的蛊惑挟持下，御驾亲征，率50万大军贸然进入大同。大同镇守太监郭敬向王振交待敌情，王振恐惧，决定班师。大同都金事郭登进言："取道紫荆关回京可保无事。"王振想借机使英宗幸其家，以便炫耀乡里，便舍紫荆关向蔚县出发。途中王振又恐大军毁他的庄稼，行2万米又折东改道宣化，从而延误了时间。十日到宣化后，瓦剌追兵赶到，恭顺侯吴克忠及其弟战死，所部溃散。成国公朱勇率5万骑增援，在鹞儿岭遇敌伏兵，全军尽殁。八月十四日英宗到达土木堡（今河北省怀来县东），瓦剌兵将堡团团围住，水道也被也先军占据。明军人马饥渴，都指挥终夜拒敌，敌人愈增。十五日也先佯遣使求和，王振见瓦剌兵退，下令将兵营移至近水之处。军队刚移动，也先集中劲骑四面冲来，明兵争逃，行阵溃乱，英宗被俘，王振等皆死于乱军之中，官兵死伤10万余人。

《小窗幽记》

　　《小窗幽记》为陈继儒集编的修身处世格言。陈继儒编写的书很多，如《太平清话》《安得长者言》《模世语》《狂夫之言》等一批作品，而《小窗幽记》是其中影响较大的一部。

　　《小窗幽记》原来分为十二卷："集醒""集情""集峭""集灵""集素""集景""集韵""集奇""集绮""集豪""集法""集倩"。现在的版本一般都将其中近似的内容相融合，分为四部分："集醒""集情""集峭""集灵"，已看不出原书的体例。不管是十二部分还是四部分，对书的内容影响不大。这部书是小品中的小品，有点语录体、格言体的样子，其中精妙绝伦的语言，道眼清澈的慧解，灵性四射的意趣，令人叹为观止。特别是对人生的思索、处世的智慧在"热闹中下一冷语，冷淡中下一热语，人都受其炉锤而不觉"。

廖燕弃八股博览群书

廖燕（1644—1705），初名燕生，号柴舟，曲江人，清初具有异端色彩的思想家、文学家。因廖燕系一介布衣，既无显赫身世，又乏贤达奥援，所以生前死后均少人知。廖燕一生潦倒，在文学上却颇有成就。19岁时补为秀才，在武水西筑"二十七松堂"潜心经史，攻古文词。廖燕著述颇丰，收辑为《二十七松堂集》，共十卷，包括论、辩、说、记、序、文、尺牍、传、墓志铭、杂著、疏、书后、词、诗等，共计文370篇（含卷一自序），诗551首。其代表作是《金圣叹先生传》。廖燕多才多艺，善草书，如古木寒石，能戏曲。

"予观柴舟之为人，卓立人表，豪气不除，有不可一世之概，大抵其诗与文之凌厉激荡如其人，其不平之气固然。"朱藻为《二十七松堂文集》作序所盛赞的柴舟，即清初思想解放、笔锋犀利的著名学者、文学批评家廖燕。廖燕经历的是一条"自我另辟一天地"颇为独特的成才之路。其所以能学有成就，于清初文坛独树一帜，是和他敢于突破封建文化专制主义桎梏并善于读书分不开的。

起初，廖燕也曾入庠序为生员，"习制举有年"，不脱离封建文人以科举博取功名的传统老路。寒窗苦读一番之后，他逐渐对僵硬死板、束缚头脑的八股之学感到不满，开始认识到"八股非书也，书盖文之总名而八股特其一耳"，那些以八股见售为官富贵者不乏庸腐无能之辈，如同童蒙学书，塾师规定数百字为书帖，终日描摹，日久虽能舍去字帖，"然使其书他字则又不能矣"，因而专攻八股制义"只可谓之读八股，算不得读书"。八股成名历大官、称王侯将相也无非是朝廷赏赐的爵禄，算不得是真正的功名，真正的功名应当有利于国计民生，所谓"功盖天下曰功，名传万世曰名"。唯恐被八股所误，廖燕毅然"中道谢去，辞诸生，"弃八股而从事于诗古文词"。他一反世人皆以为博览群书有妨举业而终日囿于八股章句之末的做法，主张唯有博极群书方能"识天下古今之得失与夫嘉谋伟论，因而触类旁通，有以开导其聪明，而文遂不可胜用"。廖燕一旦冲出思想牢笼，广收博取，顿觉豁然开朗，进入一个崭新境界。"搦管为文于前，又无主司取舍荣辱之虑束缚于其后，惟取胸中之所得者沛然而尽抒之于文，行止自如，纵横任意"，文章草成，把杯快读，自赞自评，存留臧否，不必主司品题，"此其愉悦为何如者耶！"

如果说弃八股而博览群书是廖燕为学的一个重大转折，重视读"无字书"则是他治学成才迈上的又一个更高的台阶。书本是对实践经验的总结，"孙吴因善行兵而著兵书，非因多著兵书而始善行兵"，知识的源泉最终来自天地万物与社会实践，何况古人撰著的书本中往往杂有不少糟粕无用之物，因而"于古人书无所不读"的结果，有时仍觉收效不大，每有无所适从之感。"退而返之于心而有疑焉，意其别有学乎？"经过反复思考摸索，他终于另辟蹊径，寻觅到一条新的治学途径，"然后取无字书而读之。无字书者，天地万物是也。古人尝取之不尽而尚留于天地间，日在目前而人不知读。燕独知之，读之终身不厌"。

治学不仅限于学文，更重在学道，穷困益甚，涉世愈深，所读愈多，"然后知学之在是也"。这种以天地万物和社会人生为取之不尽、用之不竭的大书本的思想，正确反映了人类的认识规律。读"无字书"并非不重视书本知识，而是不为古人的书本所束缚，提倡用"无字书"衡量检验前人留下的书本，纠谬正误，去伪存真，并不断补充新知，发展创新。从此，廖燕"以经天纬地为文章，辅相裁成事业"，胸襟更为开阔，思想更加解放。既然文莫大于天地，虽圣人之六经"视此犹为蓝本"，则学者"岂惟取法于圣人、诸子，并将取法于天地"。廖燕读"无字书"的理论不啻是用宇宙万物、社会实践取代御用理学的思想统治地位。他针对"讲学必讲圣贤之所以然，世之讲学类皆窃宋儒之唾余而掩有之"的陋习，傲然声称自己解说《四子书》为"私谈"，以示不与程朱合流。"假纸上之陈言，诠吾胸中之妙理"，下笔立论岂肯"效学究家区区诠释字义而已耶？"

博极群书、读"无字书"的治学道路是廖燕切身体会到科举制度空疏腐败后冲杀出来开辟的另一"天地"，因而他对封建文化专制与科举八股的揭露批判也格外深刻犀利。他在《明太祖论》一文中尖锐地指出："故吾以为明太祖以制义取士与秦焚书之术无异，特明巧而秦拙耳。其欲愚天下之心则一也。"专制君主"治天下可愚不可智"的居心，在于"使天下皆安心而听治于一人，而天下固已极治矣，尚安可使其知之而得以议吾之政令也哉？"而明太祖大兴科举八股，则是意在诱使知识分子"后有所图而前有所耗，人日腐其心以趋吾法，不知为法所愚。天下之人无不尽愚于法之中，而吾可高拱而无为矣，尚安事焚之而杀之也哉！"这是对封建帝王八股取士愚民政策险恶用心的辛辣嘲讽。《书战国策后》一文更痛心疾首地慨叹："呜呼！自糊名易书之法行，而绳检防范，使士皆囚首垢面以应朝廷之举措，其始固已丧天下士之气矣，尚可复望其昂然振起抵掌而谈天下之事也哉！"

在清顺康年间思想禁锢、文网严密的时代，廖燕违世抗俗的言行屡屡碰壁是可以想象的，但这并不能动摇他选定的治学道路，无非"遇则为国家有用之才，不遇则为岩穴知名之士"。他曾充满自信地预言："不遇之文，其文必佳，盖其抑郁之气，尽发而为文故也。佳者必传，是天将传吾文也。"他还表示要把自己的著作"取匣盛之，为冢于名山之颠，大书其上曰：'廖某不遇文冢。'"因酹酒而祝之曰："千百年后，有如廖某其人者，将歙戏感慨而凭吊之，庶几稍慰吾文耶！"千百年之后，廖燕身后不久，他的著作《二十七松堂文集》16卷就被日本有识之士视为知音，翻刻流传到海外。直至今天，他对封建文化专制和八股制义的批判和在文学评论方面的诸多宝贵见解，仍在闪烁着耀眼的光辉，他倡读"无字书"的主张也继续给今人以深刻的启迪。

■故事感悟

廖燕治学不图利禄功名，一心"有志于传世之业"，因而勇于冲破科举八股桎梏，不死守古人书本画地自牢，他不断从"无字书"中汲取新知，胸怀博大，高屋建瓴，从而论世评文深刻透辟独具识力。

■史海撷英

曲江池

曲江池是中国唐代著名的风景区，在唐长安城东南隅，因水流曲折得名。这里在秦代称恺洲，并修建有离宫称"宜春苑"；汉代在这里开渠，修"宜春后苑"和"乐游苑"。隋营京城（大兴城）时，宇文恺凿其地为池。隋文帝称池为"芙蓉池",称苑为"芙蓉园"。唐玄宗时恢复"曲江池"的名称,而苑仍名"芙蓉园"。据记载,唐玄宗时引水经黄渠自城外南来注入曲江,且为芙蓉园增建楼阁。

■文苑拾萃

墓志铭

墓志铭是埋葬死者时刻在石上埋于坟前的铭文,一般由志和铭两部分组成。志多用散文撰写,叙述死者的姓名、籍贯、生平事略;铭则用韵文概括全篇,赞扬死者的功业成就,表示悼念和安慰。但也有只有志或只有铭的。可以是自己生前写的(偶尔),也可以是别人写的(大多),主要是对死者一生的评价。

墓志铭在写作上的要求是叙事概要,语言温和,文字简约。撰写墓志铭有两大特点不可忽视,一是概括性,二是独创性。墓志铭因受墓碑空间的限制,篇幅不能冗长,简洁明了的文字也便于读者阅读与记忆,因此,不论用什么文章样式来撰写墓志铭,均要求作者有很强的概括力。汉朝大将韩信的墓联为:"生死一知己,存亡两妇人。"寥寥十个字,高度概括出韩信一生的重大经历。

第二篇
崇尚教育力主开智

教育大家孔子

孔丘（前551—前479），字仲尼，排行老二，汉族人，春秋时期鲁国人。孔子是我国古代伟大的思想家和教育家，儒家学派创始人，是世界最著名的文化名人之一，他编撰了我国第一部编年体史书《春秋》。据有关记载，孔子出生于鲁国陬邑昌平乡（今山东省曲阜市东南的南辛镇鲁源村）。孔子逝世时，享年73岁，葬于鲁城北泗水之上，即今日孔林所在地。孔子的言行思想主要载于语录体散文集《论语》及先秦和秦汉保存下的《史记》中。

孔子出身于春秋末年的没落奴隶主贵族家庭，他3岁丧父，17岁丧母，幼年家里很穷，没有条件进入官学读书。但他是个很有上进心的人，从15岁确立学习的志向开始，他就刻苦自学，终于成为一个博古通今的著名学者，创立了儒家学派。

孔子是一个善于动脑筋的人。在学习中，他不仅勤奋读书，而且注意总结经验，逐步摸索出一套有效的学习方法，所以，他的学业进步很快，能够取得超乎常人的成就。大约从他30岁开始，在长达40年之久的讲学活动中，他不仅传授知识，而且还将自己的一套学习方法作了总结和改进，把它们传授给学生，帮助他们提高学习效率。

孔子把学习的过程划分为五个阶段，即"博学之，审问之，慎思之，明辨之，笃行之。"这五个阶段又可以概括为学（博学、审问）、思（慎思、明辨）、行（笃行）三个大的阶段。这个"学—思—行"的学习过程基本上符合人们学习知识的认识过程。在每个学习阶段，孔子根据自己的实践经验，提出了许多具体的学习原则和方法。

学是占有感性材料、获取感性知识的阶段。在这个阶段，孔子主张要"博学"，以便尽可能多地得到一些感性知识。他所说的博学，既指阅读书籍，从书本上得到间接经验的知识，也指广泛接触社会，从现实生活中得到直接经验的知识。他提倡要多读、多闻、多见、多识、多问。多读，就是广泛阅读文化典籍，"博学于文"，获得书本知识。"闻"和"见"是从现实生活中获取大量感性知识的一条重要途径，孔子认为这是学习的一项基本功，因此他强调要多闻。多见，多闻，"择其善者而从之，多见而识之"，而且要"视思明，听思聪"，仔细看个明白，听个清楚，绝不可稀里糊涂，含混不清。据统计，在《论语》一书中，谈闻的有57处，谈见的有71次，可见孔子对闻、见的重视。在多读、多闻、多见的同时，孔子还强调要多识即多记，做到"默而识之"，通过记忆把已知的知识随时贮存积累起来。否则，如果只学不记，学过就忘，将会前功尽弃，等于白学。在读、闻、见的过程中，肯定会遇到不明白的地方，因此孔子又主张多问。他强调要"不耻下问"，"以能问于不能，以多问于寡"，只要别人有一孔之见、一技之长，就要虚心请教，而且态度一定要谦逊，"色思温，貌思恭，言思忠"。

学是思的基础，只有占有丰富的感性材料才能更好地进行思维活动，提高到理性认识。孔子强调，在学习过程中一定要首先抓好学这个环节，做到"博学"，打好基础。否则，"思而不学则殆"，光思考不学习，就会劳而无功，甚至走上邪路，那是非常危险的。孔子自己"学而不厌"，对学生也同样要求他们刻苦学习。他曾多次赞扬颜渊"好学"，而严厉批评白天睡大觉的宰予是"朽木不可雕也，粪土之墙不可圬（粉刷）也"。他曾以自己的亲身体验告诫学生说："吾尝终日不食，终夜不寝，以思，无益，不如学也。"

思是对感性材料进行分析、比较、概括、抽象、综合、归纳、演绎，形成概念，作出判断和推理，以把握事物的本质和规律，从而将感性认识上升为理性认识。这是学习过程中的一个非常重要的环节，不抓好这个环节，就不可能把知识真正学到手。孔子极其重视学习过程中思维活动的作用，他说，"学而不思则罔，思而不学则殆"。他认为学和思是互为条件的，只有把两者结合起来，才能相辅相成，互相促进。他曾批评那些不用心思考的思想懒汉说："不曰'如之何，如之之何'者，吾未如之何也已矣！饱食终日，无所用心，难矣哉！"

在学习中如何进行思考，如何发展自己的思维能力，孔子结合自己的实践经验和体会，提出了"温故知新"、"举一反三""叩其两端""一以贯之"与敢于"明辨"等几个原则和方法。孔子强调要"温故而知新"，就是在已经掌握的知识的基础上进行概括推理，产生新的认识和判断，从已知的知识引申到未知领域。

例如，当孔子的弟子子张问及可否预知今后十代的礼制时，孔子回答说："殷因于夏礼，所损益可知也；周因于殷礼，所损益可知也；其或继周者，虽百世，可知也。"他认为，历代礼制的沿革皆有一定的轨迹可循，鉴往而知来，人们便可由夏、殷、周三代礼制的损益情况推知后来演变的大体轮廓。

孔子主张，在学习时头脑要灵活，做到触类旁通，能根据一个事物的道理推导出其他同类事物的道理。例如，一张四方桌，知道了桌子的一个角是方形的，要能悟出其他三个角也是方形的。在教学中，他就是如此要求学生的，"举一隅不以三隅反，则不复也"。颜回能"闻一以知十"，便受到了他的赞扬。

孔子还主张，在思考问题的时候，要充分分析事物矛盾的两个方面，进行全面的考察，切忌片面性，这就叫"叩其两端"。在教学中，他就是运用这个方法来培养学生的思维能力的，他说："吾有知乎哉？无知也。有鄙夫问于我，空空如也。我叩其两端而竭也。"如子贡曾问他："乡人皆好之，何如？"他回答说："未可也。"子贡又问："乡人皆恶之，何如？"他又回答说："未可也。不如乡人之善者好之，其不善者恶之。"他认为只有全乡村的好人都喜欢而坏人都厌恶的人，才算得上是真正的好人。

孔子又提倡，在学习中，要通过认真的思考，把广博而零乱的知识资料进行综合归纳，用一个基本的观点连贯起来，形成一个系统的、完整的体系，这就叫"一以贯之"。

有一次，孔子问子贡："女以予为多学而识之者与？"子贡回答说："然，非与？"孔子即纠正说："非也，予一以贯之。"孔子还对曾参说："参乎！吾道一以贯之。"孔子还特别强调，学习必须要有批判精神，对于书本上写的、别人说的，都要经过自己头脑的思考而"明辨之"，切勿迷信盲从、人云亦云。孔子本人就具有这种批判精神，他"多闻阙疑"，对书本上的东西并不盲目听信。例如，书上说商纣王很坏，孔子很不以为然，认为只因为他名声不好，所以人们就把一切坏事都加到他身上。子贡接受了孔子的这种看法，说："纣之不善，不如是之甚也。是以君子恶居下流，天下之恶皆归焉。"后来，孟子继承并发展了孔子的这种"明辨"精神，说："尽信书，则不如无书。"

行是将学到的知识运用于实践，这既是学习的最后阶段，也是学习的目的所在。孔子非常重视行，主张把学与行结合起来。他所讲的"学"，往往就包含有"行"的意思。《论语》中，孔子所讲的"学而时习之"，曾参所说的"传不习乎？"这个"习"字都含有身体力行之意。所以，他反对言行脱节、学的是一套做的又是另一套的言行不一的作风，他说："君子耻其言而过其行"，"古者言之不出，耻躬之不逮也"，"今吾于人也，听其言而观其行。"

孔子还主张学以致用，把学到的知识和本领用于解决实际问题。一个人如果不能把学到的知识用来解决实际问题，就不算是学到真正的知识，学得再多也是无用。他教学生学《诗》，曾明白地告诉他们："诵《诗》三百，授之以政，不达；使于四方，不能专对；虽多，亦奚以为？"就是说熟读了《诗》三百篇，却不能独立从政，也不能去外国进行谈判应酬，那是毫无用处的。后来的荀子继承并发展了孔子的这一思想，又强调："不闻，不若闻之；闻之，不若见之；见之，不若知之；知之，不若行之；学至于行而止矣。"

此外，孔子在学习方法上还有许多精辟的主张。他提倡学习要循序渐进，由浅入深，由简到繁，由易到难，否则，"欲速则不达"。他主张，学习要有恒心，坚持不懈，不要畏惧困难，半途而废。他说："南人有言曰：'人而无恒，不可作巫医。'善夫！"一个人如果没有恒心，再容易干的事情也干不成，连学做巫医都不成。又说："譬如为山，未成一篑，止，吾止也。譬如平地，虽覆一篑，进，吾往也。"堆土垒山，只差最后一筐土，如果终止，就不能成功。在平地上堆土垒山，只要每日一筐土一筐土地堆上去，成功的那一天总会到来。

孔子在治学中，提出了一个著名的"四毋"主张，即"毋意，毋必，毋固，毋我"。

"毋意"，即不要主观臆断。孔子认为，治学必须抱着老老实实的态度，尊重客观事实，不要妄自猜测，主观臆断。他主张研究学问要充分掌握可靠的材料，从中引出固有的结论。例如研究历史，就必须立足于充分的证据，不可乱说。他讲述古代的礼制时就实事求是地对学生说："夏礼，吾能言之，杞不足征也；殷礼，吾能言之，宋不足征。文献不足故也。足，则吾能征之矣。"对于道听途说的东西，孔子认为必须慎重对待，认真分析，不可完全听信而据以妄下结论，他说："道听而途说，德之弃也。"至于荒诞不经的神怪迷信，孔子认为完全不能相信，是从来不讲的，"子不语怪力乱神"。

"毋必"，即不要绝对肯定。孔子认为，每个人的知识都是有限的，不可能什么都知道。"君子于其所不知，盖阙如也。"治学时，遇到不知道的事，宁可付之阙如，绝不可乱加猜测，作出绝对肯定或者绝对否定的结论，否则没有不犯错误的。因此，他倡导遇事要多闻、多见，"多闻阙殆，慎言其余，则寡尤；多见阙殆，慎行其余，则寡悔"。闻过、见过之后，还弄不清楚的东西，要作为疑问，留待日后继续研究；其余已经弄清楚的足以自信的部分，则谨慎地说出自己的看法，谨慎地加以实践，这样就可以少犯错误。

"毋固"，即不要固执己见。孔子认为，每个人既然不可能样样都懂、无所不知，治学也难免要犯错误。有了错误，应该勇于承认，及时纠正，"过则勿惮改"，"改之为贵"。如果固执己见，坚持不改，那才是真正的过错，"过而不改，是谓过矣"。他的弟子子贡进一步解释说："君子之过也，如日月之食焉。过也，人皆见之；更也，人皆仰之。"如果有过即改，说明他襟怀坦白，就会赢得他人的尊敬。孔子不仅这样说，而且这样做。人家指出他的过错，他反而感到高兴，认为是自己的莫大幸运，他说："丘也幸，苟有过，人必知之！"

"毋我"，即不要自以为是。孔子主张做人要老实，治学也应如此。

他指斥那种"亡而为有，虚而为盈"的作风，并说："知之为知之，不知为不知，是知也。"不知就是不知，不要强不知为知，自以为是地乱说，"盖有不知而作之者，我无是也"。承认自己的不知和不足，虚心向别人请教，"每事问"，"不耻下问"，才能不断进步，变不知为已知。

孔子的"四毋"，旨在反对治学中的主观主义，他提倡谦虚谨慎、脚踏实地的态度，这对纯正学风、促进学术文化的发展，无疑是具有积极的作用的。

■故事感悟

学习不仅要刻苦用功，还要掌握适当的方法，这样才能达到预期的效果，取得良好的成绩。孔子总结的学习方法是我国古代教育学中的一笔宝贵财富，其中包含着许多积极的、合理的因素。它曾经启迪过古代千千万万的学子，对我国封建文化教育的发展产生过重大的作用。今天，它对我们仍有一定的借鉴意义，值得批判地继承。

■史海撷英

孔子和曲阜

孔子的六代祖叫孔父嘉，是宋国的一位大夫，做过大司马，在宫廷内乱中被杀，其子木金父为避灭顶之灾逃到鲁国的陬邑，从此孔氏在陬邑定居，变成了鲁国人。

孔子的父亲叫叔梁纥（叔梁为字，纥为名），母亲叫颜征在。叔梁纥是当时鲁国有名的武士，他建立过两次战功，曾任陬邑大夫。叔梁纥先娶妻施氏，生有9女，无子。又娶妾，生一子，取名伯尼，又称孟皮。孟皮脚有毛病，叔梁纥很不满意，于是又娶颜征在。当时叔梁纥已66岁，颜征在还不到20岁。

公元前551年（鲁襄公二十二年），孔子生于鲁国陬邑昌平乡（今曲阜城东南）。因父母曾为生子而祷于尼丘山，故名丘，字仲尼。孔子3岁时，叔梁纥卒，孔家成为施氏的天下。施氏为人心术不正，孟皮生母已在叔梁纥去世前一年被施氏虐待而死，孔子母子也不为施氏所容，孔母颜征在只好携孔子与孟皮移居曲阜阙里，生活艰难。孔子17岁时，孔母颜征在卒。孔子19岁娶宋人亓官氏之女为妻，一年后亓官氏生子，鲁昭公派人送鲤鱼表示祝贺，孔子感到十分荣幸，给儿子取名为鲤，字伯鱼。

□ 文苑拾萃

邹鲁遗风

邹，孟子的故乡；鲁，孔子的故乡。邹鲁喻指文化昌盛之地。"邹鲁遗风"表示孔孟遗留下来的儒家风气。唐朝姚思廉所撰《梁书·羊侃传》曰："高祖览曰，吾闻仁者有勇，今见勇者有仁，可谓邹鲁遗风，英贤不绝。"这儿的高祖不是汉高祖刘邦，而是指南北朝时期，南朝梁的开国皇帝梁武帝萧衍。"仁"是儒家思想的核心，含义极其广泛，本指人与人相互亲爱。《论语》宪问篇有："仁者必有勇，勇者不必有仁。"这句话是说有仁德的人必定勇敢，勇敢的人不一定有仁德。梁高祖所说"今见勇者有仁，可谓邹鲁之风"，说明他看到的不但仁者勇敢，而且勇者也有仁德，正是儒家留下来的好风气所致。

张载创立"关学"

张载（1020—1077），北宋哲学家，理学创始人之一，是程颢、程颐的表叔，理学支脉"关学"创始人，封先贤，奉祀孔庙西庑第38位。与周敦颐、邵雍、程颐、程颢，合称"北宋五子"。张载字子厚，汉族，大梁（今河南开封）人，徙家凤翔郿县（今陕西眉县）横渠镇，人称横渠先生；宋仁宗嘉祐二年（1057年）进士，授祁州司法参军，调丹州云岩令，迁著作佐郎，签书渭州军事判官；熙宁二年（1069年），除崇文院校书，次年移疾。十年春，张载复召还馆，同知太常礼院，同年冬告归，十二月乙亥卒于道，年58岁；嘉定十三年（1220年），赐谥明公。

张载祖上为大梁（今河南开封）人，他出生于仕官之家。其父张迪知涪州，卒于涪州任上时，诸子皆幼，不能归里，遂侨居凤翔眉县横渠镇（今属陕西）南大振谷口，故人称之为横渠先生。张载为北宋理学的主要奠基者，他所开创的关学在理学史上占有重要地位，历代统治者和理学家对他十分推崇。宋理宗朝开始从祀孔子庙，其著作被列入明清两代开科取士的必读书目，而且先后编入了御纂的《性理大全》和《性理精义》。

张载从小受到良好的家教，成熟较早。他少时无所不学，尤喜谈兵，常与邠人焦寅交往，议论用兵之道。当时，西夏政权日渐强盛，常骚扰宋朝西北部边陲。张载21岁时，范仲淹任陕西经略安抚副使，兼知延州，主持西北地区的军务。他曾上书范仲淹，计划组织一些人夺取被西夏侵占的洮西之地。范仲淹十分欣赏和器重他，认为张载是一个难得的人才，尤在学术上大有造就，可成大器，不忍让他投身军事，故勉励他研读《中庸》等儒家经典。由此，张载将志向转移到学术上来，决心成为一位有所作为的学者。

按照范仲淹的指教，张载认真研读了《中庸》，结果并不能使他感到满足，由此刺激他转向释老之书的研究，却自以为收获不大，于是又回到儒家经典上来，开始研读六经。

张载研习六经与汉唐经生的学习目的与方法不同，他不在于经典的文字章句，或以经术博取功名利禄，而在于探赜深研，结合国家政治与社会现实的需要，从儒经中找到建立新学术思想体系的理论根据，所以他对儒经所蕴涵的人生哲理及兴邦治乱的治道尤加注意。嘉祐初年，他在京师讲《易经》。《宋史》说他讲《易》相当自信，在椅上铺设虎皮，时常语惊四座。当时二程至京，和他讨论《易经》，张载自叹不如。后又与二程讨论"道学"，他非常自信地认为"吾道自足，何事旁求！"于是更加专心致志地研究儒家学说。由于张载才学出众，在关中颇有名声，在文彦博任长安通判时，知其"名行之美"，便"聘以束帛，延之学宫，异其礼际，士子矜式焉"。

张载为学，志向高远，他以"为生民立命，为往圣继绝学，为万世开太平"作为治学的奋斗目标，认为立志是做学问的根本，"志大则才大，事业大"，"志小则易足，易足则无由进"，"人若志趣不远，心不在焉，虽学无成"。因为他树立了这样的远大目标，所以学习十分刻苦，不仅广博阅读先儒著作，而且大胆怀疑，在疑中求进取、求开拓，在学术独创中建立自己的思想学说体系。

嘉祐二年（1057年），张载登进士第，始授祁州司法参军，后迁丹州云岩县令。在从政期间，他奉行儒家"教学为先""化民成俗"的政教合一原则，以敦本风俗为先，积极用儒家学说施行教化。后他又迁著作佐郎，签书渭州军事判官公事。他在渭州深得渭帅蔡子正礼遇，军府之政，不论大小，都向他请教咨询，为蔡子正谋划边事提出了有关守城、积蓄、择帅、用将、养兵、民防等一系列对付西夏的有效方案。熙宁二年（1069年），御史中丞吕公著向神宗推荐张载，称他"学有本原，四方学者皆宗之"。神宗召见时，问他治世之道，他申述为政效法三代之道的主张，受到神宗的重视。但因他在当时的党派之争中，对新党的变法革新的做法有看法，主张法先王，以复三代之礼为先，故其复古观点不合王安石的变法需要；加上他自己持观望态度，所以在变法运动中未能发挥作用。不久他辞职回乡，隐居横渠，广招门徒，立意著书立说。

横渠镇处于关中，土地并不肥沃，张载有薄田数百亩以供生计，家境却不富裕。但是，他以孔颜乐处的精神从事讲学与著述。据吕大临《横渠先生行状》载：张载"终日危坐一室，左右简编，俯而读，仰而思，有得则识之，或中夜起坐，取烛以书。其志道精思，未始须臾息，亦未尝须臾忘也。学者有问，多告以知礼成性变化气质之道，学必如圣人而后已，闻者莫不动心有进"。由于张载勤于钻研，志道精思，所以一生著述甚丰。据有关史籍记载，他的著作有《西铭》《东铭》《正蒙》《易说》《经学理窟》《礼乐说》《论语说》《孟子说》《信闻记》《横渠孟子解》《崇文集》《语录》《祭礼》《文集》等，其中有些著作在宋代以后就散佚了。在这些著作中，《西铭》和《正蒙》始终被后代学者所重视。朱熹说："横渠之学，苦心力索之功深"，"为学者少有"。王夫之亦十分推崇张载的学术成就，而且把他视为终生望尘莫及的学习榜样。

张载之所以在学术上有这样高深的造诣与久远的历史影响，与他为学的志向高远很有关系。"学者不宜志小"是其治学的名言。张载的为学之志在于以学术救治天下，为万世开太平。就是说，他的志是以学术为手段，以"齐家治国平天下"为奋斗目标。由此，他的学术很注重从政治目的出发来讲学术的实用性，使学术成为政治建设的基础与条件。

由于张载志在为往圣继"绝学"，即开创儒学新局面，所以他对当时流行的佛、道，不遗余力地猛烈抨击，以弘扬儒学的优良传统；同时他在儒学研究上，尤其注重理论的建设，他提出了有关"气"为万物之体的本体论，并由此推导出天、地、人三位一体的道德论、认识论、修养论、教育论及政治观，创造性阐述了"理一分殊""天地之性"与"气质之性""穷理尽性""穷神知化""民吾同胞""见闻之知"与"德性之知""大心""变化气质"等思想范畴，为宋代理学的建立与发展提供了理论基础。宋代著名理学家程颢说："横渠道尽高，言尽醇。自孟子后，儒者都无他见识"，"子厚以礼教学者，最善，使学者先有所据守"，"世之信道笃而不惑异端者，洛之尧夫、秦之子厚而已。"

■故事感悟

张载所创立的学说，称为关学，成为后世理学发展的主要思想来源。范育《正蒙序》说："自孔孟没，学绝道丧千有余年，处士横议，异端间作，若浮屠老子之书，天下共传，与六经并行……子张子独以命世之宏才，旷古之绝识，参之以博闻强记之学，质之以稽天穷地之思，与尧、舜、孔、孟合德乎千载之间。"他称赞张载弘扬儒学，学贵实用，躬行礼教，排斥佛、老，澄清了一代学风，开启了千百年的学术方向。这些评价虽有溢美之言，却可以看出张载以远大之志从事学术研究所产生的结果。

■史海撷英

张载的青少年时期

张载从小天资聪明，少年丧父，使他成熟较早。当时西夏常对西部边境侵扰，宋仁宗康定元年（1040年）初，西夏入侵，庆历四年（1044年）十月议和。朝廷向西夏"赐"绢、银和茶叶等大量物资。这些国家大事对"少喜谈兵"的年仅21岁的张载刺激极大，他就向时任陕西经略安抚副使、主持西北防务的范仲淹上书《边议九条》，陈述自己的见解和意见，打算联合焦演（郴县人，精兵述）组织民团去夺回被西夏侵占的洮西失地，为国家建功立业，博取功名。范在延州（今延安）军府召见了这位志趣不凡的儒生。张载谈论军事边防，保卫家乡，收复失地的打算得到了范的热情赞扬，认为张载可成大器，劝他道："儒家自有名教，何事于兵。"意思是说你作为儒生，一定可成大器，不需去研究军事，而勉励他去读《中庸》，在儒学上下功夫。张载听从了范的劝告，回家刻苦攻读《中庸》，仍感不满意。于是遍读佛学、道家之书，觉得这些书籍都不能实现自己的宏伟抱负，就又回到儒家学说上来，经过十多年的攻读，终于悟出了儒、佛、道互补、互相联系的道理，逐渐建立起自己的学说体系。

□ 文苑拾萃

张载祠墓

张载祠墓又称张子祠，位于陕西省眉县城东 26 千米处的横渠镇，占地南北 82 米，东西 37.5 米。它是我国北宋著名的思想家、哲学家、教育家、关学领袖张载的讲学之地。张载祠前身为崇寿院，张载年少时曾在此读书，晚年隐居后，一直在此兴馆设教。张载死后，人们为了纪念他，将崇寿院改名为横渠书院。元元贞元年（1295 年）开始在原横渠书院旧址上建张载祠。元泰定三年（1326 年），在张载祠内恢复横渠书院，成"后祠前书院"格局。位于张载祠南 7 千米处大镇谷迷狐岭的张载墓，占地 58200 平方米，是张载及其父张迪、弟张戬的安葬之地。从元、明、清至民国，历史上对张载祠和书院共修葺 14 次。

颜元改书院教育之先河

颜元（1635—1704），字易直，又字浑然，号习斋，清代直隶博野县北杨村（今属河北省）人。颜元是唯物主义思想家，明末清初杰出的教育家。他深刻地批判了程朱理学脱离实际的书本教育，竭力提倡"实学"和"实用"的教育。他的教育思想对中国近代教育的发展起了革新的作用，所以，颜元的教育思想在中国教育史上具有重要地位。

在治学道路上，由于颜元出身贫寒，加上个人生活经历的坎坷，所以走的是一条以自学为主、边行医务农边研习学问的艰难道路。但也正因为他注重实践，学行结合，而且富有批判前人和不满现实的战斗精神，所以他志存高远，超迈前贤，最终以其"习行之学"特有的批判精神和注重实践的特色标新立异，影响一时。

颜元本名朱邦良，这是由于其父因家贫过门朱家为婿的缘故。他父亲在朱家很受虐待，颜元4岁时，父亲抛弃妻子儿女随清兵入关，一去不再复返。后来，颜元之母也改嫁，留下他一直在朱家生活，童年和少年时代他受尽了虐待。尽管如此，颜元仍顽强地坚持学习，19岁居然入了县儒学。后因家境贫困，只好弃学回家，以行医、耕地养家糊口。20余岁开始他对陆王之学产生兴趣，在行医、耕地之余，转而研读程朱学说，对朱子之学信之甚笃。

后来，朱翁之妾生有一子，朱家人对颜元更加疏远和嫌弃，以致几次以谗言谋杀之。因颜元对自己的身世一无所知，相反对朱家翁婆更是孝敬。朱媪死，颜元替父行孝，泣血哀至，结庐守墓之日孝笃形枯，几至于自毁。村里有位老人实在看不下去，遂告诉了实情。由此，他才告别朱家，回到颜氏，改名为颜元。这一年，他34岁。

经此痛苦经历之后，颜元对朱熹的《朱子家礼》及传统的道德修养之教产生了怀疑，以为程朱陆王之学实为"禅学""俗学"所浸淫，不是先儒的正传。为了正本清源，他立志推倒宋明诸儒，抛弃理学，直宗周公、孔、孟，力图复兴原儒，以周公之"六德六行"和孔子的"四教"为正学，开始撰述《存学》《存性》《存治》《存人》四篇以立教，通过授徒讲学的方式，大力鼓吹"习行之学"。

颜元50岁时北上入关寻父，经过百般艰险，最后在沈阳地区找到父亲的遗骨。归后弃诸生，守孝三年。57岁时，他有志于南游，宣传他的"习行之学"。他说："苍生休戚，圣道明晦，敢以天生之身，偷安自私乎？"他以倡明圣学的决心和崇高的淑世情怀，在南行中到处行医讲学。在中州开封，他以行医的方式访友论学，经过明辨婉引，不仅结识和影响了一大批有识之士，而且使他的学说得以广泛传播。62岁那年，他应肥乡漳南书院之聘，主持院务，按照"习行之学"的原则，亲自订立了学规章程，在书院分设文事、武备、经史、艺能、理学、帖括六斋，分科立教，以培养与造就经济实用人才，革除宋明以来以章句语录为学问和疲精竭力于八股举业的空疏学风。尽管他的漳南书院计划未能如愿，但这一创举在中国教育史上占有十分重要的地位，成为后世以实学改革书院教育的先声。

颜元在学术上曾出入程朱陆王之学，且笃信力行有年，一旦幡然醒悟，乃将宋明相传600年的理学推倒，其气魄之大，识见之果决，确是南方学者如黄宗羲、顾炎武、王夫之等人所不及。颜元之所以有此气魄和胆识，一方面与他亲身体验的痛苦感受有关，他认为囿于宋明理学是"吞砒霜"，以为拘守理学的八股举业是"焚书坑儒"；另一方面是他目睹明朝灭亡，从切肤之痛中认识到宋明理学的误国之害，故有志于以实学救国。他自述思想变化原因时说："予未南游时，尚有将就程朱附之圣门支派之意。自一南游，见人人禅子，家家虚文，直与孔门敌对。必破一分程朱，始入一分孔孟。乃定以为孔孟、程朱，判然两途，不愿作道统中乡愿矣。"他说："仆尝有言，训诂、清谈、禅宗、乡愿，有一皆足以惑世诬民。宋人兼之，乌得不晦圣道，误苍生至此也！仆窃谓其祸甚于杨墨，烈于嬴秦。每一念及，辄为太息流涕，甚则痛哭。"他深刻分析了宋儒空疏无用之学误国害民的惨痛教训，严厉地指责宋儒虚妄无才无学，"上不见一扶危济难之功，下不见一可相可将之材"，以致先两手以二帝畀金，以汴京与刘豫，后以少帝付海，以玉玺与元。他还说："吾读《甲申殉难录》至'愧无半策匡时艰，惟余一死报君恩'，未尝不潸然泣下也；至览和靖《祭伊川》'不背其有之，有益于世则未'二语，又不觉废卷浩叹，为生民怅惶久之。"

有鉴于此，颜元以为儒家是以事功见用于世的，其学其才应有益于治国安邦，所以其教其习均应以实学实行为内容，注重实践和学以致用才是儒学的精神所在。然而，宋明理学全然抛弃事功实学，虽然"诗书盈几，著解讲读盈口，阖目静坐者盈座"，却于世道人心了无关涉，出而为官，祸国殃民。他尖锐指出，学风腐败至此，不得不革而除之。然推源祸始，则罪在朱熹，因为朱熹只教人读书，此风一倡，遂"率天下入故纸中，耗尽身心气力，作弱人、病人、无用人者，皆晦庵为之也"。以笔墨为能，以静坐修性为功，阖目静坐为成圣之方，是使天下无学无圣的重要原因。他说："宁使天下无学，不可有参杂佛老章句之学；宁使百姓无圣，不可有将就冒认标榜之圣。"这种大胆的批评，确是超出了世俗观念的束缚，也表现了作为一代学人的远见卓识。

对宋明理学空疏之弊，颜元不仅深恶痛恨，而且他对八股科举流弊亦抨击不遗余力。他指出"八股之害，甚于焚坑"，因为八股科举考试与宋明理学合流将人诱入文墨世界，而文墨世界之祸，"中于心则害心，中予身则害身，中于家国则害家国"。为此，他主张天下读书人超脱文墨世界，以实习实行的实学经世致用，这样才能直接周孔的"真学"余脉。所谓"真学"，在颜元看来就是《左传》(包括古文《尚书》)所谓的"六府三事"与《周官》所讲的"三物"。

他说："唐虞之世，学治俱在六府三事，外六府三事而别有学术，便是异端；周孔之时，学治只有三物，外三物而别有学术，便是外道。"六府即金、木、水、火、土、谷；三事即正德、利用、厚生；三物为六德、六行、六艺。六德即知、仁、圣、义、中、和；六行即孝、友、睦、姻、任、邺；六艺即礼、乐、射、御、书、数。颜元主张以此为真学内容，使教学必得之于习行，必见之于身世，必验之于事功。以为学者应专于一事或一艺，"不必更读一书，著一说，斯为儒者之真，而译及苍生矣"。在诸实学项目中，颜元突出强调兵、农、礼乐。他说："如天不废予，将以七字富天下：垦荒、均田、兴水利；以六字强天下：人皆兵、官皆将；以九字安天下：举人才，正大经、兴礼乐。"颜元不仅在理论上论述了他的实学内容、目的及作用，而且他打破了宋明以来儒者只言礼乐耻谈兵农钱谷的传统，他曾潜心研习了七家兵书并精于骑射技击及攻守战事，于农学方面尤长于兴水利，曾为时人所推崇。

颜元不以道德文章或讲学作为儒者事业，而是以习行有用之学来倡明学术和借此富国强兵。由于他的目标远大，所以在学术上独树一帜，自成一家之言。

■故事感悟

从颜元的著作中处处可见其豪爽倜傥之气，这对于那些"无事袖手谈心性，临危一死报君王"的俗儒来说，确实是不可比拟的。正因为这样，颜元才开一代实学风气，成为一学派的创始人。

■史海撷英

青少年时期的颜元

颜元8岁发蒙，从学于吴持明。吴能骑、射、剑、戟，精战守机宜，通医术，又长术数，因此，颜元从小所受的教育就与众不同。19岁，他又师从贾珍。贾珍主张以"实"为生活的准则，提倡"讲实话，行实事"，这对于颜元后来的"实学"思想不无影响。同年，颜元中秀才，但不久"遂弃举业"。20岁，颜元"究天象、地理及兵略"。21岁，颜元"阅《通鉴》，忘寝食"。22岁，他学医。23岁，他"学兵法，究战守机宜，尝彻夜不寐"，并且还学习技击。如此广泛的涉猎，为颜元教育思想上的创新打下了基础。

■文苑拾萃

事功学派

事功学派是南宋兴起的学派。该学派源于王安石"为天下国家之用"

的实用思想。包括以叶适为代表的永嘉学派和以陈亮为代表的永康学派。与理学相抗衡于乾道、淳熙间形成鼎盛之势。事功学派认为理学家空谈"性与天命"，对其"静坐""存养"功夫尤为不满。该学派倡言功利，赞许"三舍法"，主张习百家之学、考订历代典章名物，以培养对社会有实际作为的人才。其学说开启了明末清初颜元、黄宗羲、王夫之等人的启蒙教育思想。

苻坚广修学宫开教育

苻坚（338—385），字永固，又字文玉，小名坚头，略阳临渭（今甘肃秦安东南）氐族人，苻雄之子，前秦开国君主苻洪之孙，苻健之侄。苻坚是十六国时期前秦的皇帝，前期他励精图治，基本统一北方，但在伐晋的"淝水之战"中大败，一蹶不振，后国破被杀。

苻坚是十六国时期前秦的第三任皇帝，苻洪的孙子，第一任皇帝苻健的侄子，第二任皇帝苻生的堂兄。在苻坚的领导下，前秦曾经统一了中国的北方，宣告纷争割据局面的结束。

前秦苻氏是氐族人，原来聚居在关中一带，后赵皇帝石虎徙关中豪杰及氐、羌于关东（函谷关以东地区，主要是河南和山东西部），以氐族酋长苻洪为流民都督，率氐、汉各族百姓徙居枋头（今河南汲县境内）。石虎死后，苻洪降晋，接受东晋官爵。350年，汉族的冉闵诛杀胡羯，关陇少数民族流民西归。此时苻洪拥众十余万，自称大都督、大将军、大单于、三秦王，他欲率众还关中，尚未成行，就被他的部将毒死。他的儿子苻健继领其众，人称征西大将军，自枋头西入潼关。关中氐人纷起响应，苻健攻占了长安，据有关中和陇一带地方。

351年，苻健自称大秦天王，国号大秦，史称前秦。352年苻坚改称皇帝，定都长安。

苻坚8岁的时候，向爷爷苻洪提出请个家庭教师学习汉人文化礼教的请求。苻洪惊奇地望着孙子说："我们这个民族从来只知喝酒吃肉，如今你想求学，实在太好了。"从此他开始接受汉人的儒学教育。

苻健死后，他的儿子苻生继位。苻生是天下少有的暴君，视杀人如儿戏。每逢接见大臣，苻生都让侍从箭上弦、刀出鞘，铁钳、钢锯等摆放在跟前，看谁不顺眼，就随即杀掉。如哪位大臣有所劝谏，就被视为诽谤，杀之；反过来若有人对他说奉承的话，就被视为献媚，也要杀掉。一时间朝中人人自危，都希望苻生快点死掉，盼望苻坚早些取而代之。《晋书·苻坚载记》说当时的大臣叫薛赞和权翼的对他说："今主上昏虐，天下离心。有德者昌，无德受殃，天之道也。神器业重，不可令他人取之，愿君王行汤、武之事，以顺天人之心。"也是苻生福禄享尽命该如此，一日夜里他喝醉了酒，对宫女说："苻坚怀有二心，我明天就杀掉他。"宫女向苻坚告了密，苻坚连夜发动宫廷政变，杀了苻生，在太极殿登上皇位，号称"大秦天王"，改年号为永兴。

苻坚抢过来的前秦是个烂摊子。关中是各民族杂居的地区，民族仇杀此起彼伏，豪强欺民霸田。前秦在战乱中建国，法律制度不健全。苻生又实施残暴统治，加上水旱灾害频频发生，致使千里秦川豪强横行，百姓民不聊生。苻坚即位后，决心开创清明的政治局面，整顿史治，惩处不法豪强，平息内乱，实行与民休养生息的政策。他深知明政无大小，以得人为本的道理，所以广招贤才，并首先从调整最高领导机构入手，果断地处斩了帮助苻生作恶的佞臣董荣、赵韶等20余人，提拔重用了一批精明廉洁的汉族士人参与朝政，其中最有影响的就是寒门出身的王猛。

王猛是当时的汉学大儒，既有魏晋时期学者放荡不羁率性而为的洒脱，又有经世济人匡扶朝廷的大志。说明白一点，就是既有阮籍之流的清高，又有诸葛张良的胸襟。当时就有评价说"关中良相惟王猛，天下苍生望谢安"。王猛原是山东青州一带人，因战乱迁居现在的豫北一带。据传说，王猛家贫如洗，为了糊口，他小小年纪便以贩卖畚箕为业。有一回，王猛到洛阳卖货，碰到一个要出高价买畚箕的人。那人说是身上没带钱，请王猛跟他到家里拿钱。王猛跟着那人走，结果走进深山，被带到一位须发皓然、侍者环立的老翁面前。王猛向老翁揖拜，老翁连忙说："王公，您怎么好拜我呀！"于是，老翁给了王猛十倍于常价的买畚箕钱，并派人送行。王猛出山回头细看，才认出原来是中岳嵩山。这段故事说明，王猛虽然穷途末路，却已被独具慧眼的有识之士发现了。那位老翁大概是个留心访察济世奇才而又有先见之明的隐士，就像张良当年遇到的黄石公一类人物。

后来，在前秦尚书吕婆楼的推荐下，王猛见到了苻坚。苻坚与王猛一见面便如平生知交，谈及兴废大事，句句投机，苻坚觉得就像刘备当年遇到诸葛亮似的，如鱼得水。于是，王猛留在苻坚身边，为他出谋划策。苻坚即位后，以王猛为中书侍郎执掌军国机密。后来，苻坚对王猛的信任达到无以复加的程度，甚至不惜杀掉排挤攻击王猛的皇亲国戚氏族贵族来加强王猛的权利和地位。苻坚对王猛的信任换来了前秦的强大和对北方的统一，王猛也位列三公，成为苻坚最信得过的大臣。

苻坚在王猛的倡导下，大力推行文化教育，减税赋、劝农桑、兴水利。前秦设立学校倡导教化，注重提高民众的文化素质，培养治国人才。苻坚自幼学习汉族文化，仰慕儒家经典，为扭转氏族迷信武力、轻视文化知识的落后观念，他积极恢复了太学和地方各级学校，广修学宫，招聘满腹经纶的学者执教，并强制公卿以下的子孙入学读书。苻坚每月到太学一次，考问诸生经义，品评优劣，勉励他们刻苦学习，并挑选品学兼优的学生，让他们到各级权力机构任职。同时他规定，俸禄百石以上的官吏，必须"学通一经，才成一艺"。如果不通一经一艺，则一律罢官为民。由于符坚的大力倡导，并同官吏的选任结合，前秦很快就出现了劝业竞学、养廉知耻的风气，不仅培养了官僚后备队伍，提高了统治阶层的文化素质，同时也促进了民族间的文化交流。

■故事感悟

符坚统治的王朝虽然以悲剧告终，但他创建的前秦盛世并没有被历史遗忘，他大力推行文化教育的功绩也被后人所称颂。历史记下了他的失误，同时也记下了他的辉煌业绩。

■史海撷英

符坚魂断新平寺

淝水之战后，前秦元气大伤，先前被征服的鲜卑、羌等部族酋豪纷纷举兵反叛，建立割据政权。慕容家族先是慕容垂逃回前燕故地，慕容宗族的子弟跃马披甲，遍地狼烟；羌族的姚苌等人也重新崛起；丁零、乌丸相继起叛。北方重新四分五裂。

符坚困守长安，看见前燕贵族背信弃义，把慕容暐叫到面前大骂："你们家族兄弟子侄布列上将，当时虽称是灭国，其实我待你们像归家一样。现在慕容垂、慕容冲、慕容泓各个称兵，你们家族真是人面兽心，枉亏我以国士待你们。"虽然如此，符坚看见在自己面前涕泣陈诉装孙子的慕容暐等仍不忍诛杀。

长安城外，慕容暐之弟慕容冲率军歼灭秦军数万，占据阿房城，步步逼近。慕容冲是个阴狠凶戾的人，12岁时前燕国亡，他曾与14岁的姐姐清河公主一道被苻坚纳入后宫，作为娈童伺侍苻坚，姐弟专宠，旁人莫进。最后王猛切谏，将其放出外任做大州刺史。

鲜卑大军进攻长安城，苻坚凭城观看，心里慨叹敌人之强，派人送一锦袍于慕容冲，想打动对方念忆从前床笫之情。但殊不知，这段记忆带给慕容冲的只有仇恨。慕容冲答道："孤家现在以天下为任，怎能看这一袍小惠。如果你束手来降，我们慕容家对待你也不会比你从前待我们家差。"苻坚气得几乎吐血，大叫："后悔不听王景略和阳平公（苻融）之言，使白虏敢猖狂如此！"（鲜卑族人皮肤白皙，故苻坚呼之为白虏。）

长安城内，犹有鲜卑数千人在大宅子里住着，慕容暐时刻不闲，秘密召集族人准备埋伏人马袭杀苻坚。其间消息泄露，苻坚大惊，这才诛杀慕容暐父子及其宗族，城中鲜卑不论少长及妇女全被杀光。自此之后，灭人国者如果不忍心对亡国家族下绝杀令，劝谏者往往以苻坚为"柔仁邀名"的首例，致使后代亡国之皇族罕有保全者。

慕容冲在长安城外围城日久，城中乏粮，以至于出现人吃人的惨剧。苻坚倾最后家底设宴款待群臣，打仗的将军也分不到几片肉吃，塞进嘴里不敢咽下，回到家"吐肉以饴妻子"。数月之间，烟尘四起，百姓死亡无数。慕容冲率众登长安城，苻坚全身甲胄，亲自督战，飞矢满身，血流遍体。最后，苻坚听信谶言"帝出五将久长得"的鬼话，从长安出奔，只留太子苻宏守城。慕容冲纵兵大掠长安，死者不可胜计。

苻坚逃到五将山（今陕西岐山县），羌族首领姚苌派兵包围了他，秦兵溃奔，身边只剩下十余个侍卫。苻坚此时帝王之度不改，坐而待之，召厨师进食。

姚苌大将吴忠驰马赶到，把苻坚捆起来送到新平，继而姚苌又派人向苻坚索要传国玉玺。苻坚大骂："国玺已送晋朝，怎能送给你这个忘恩负义的叛贼！"姚苌又让苻坚把帝位禅让给他，苻坚又骂："禅代是圣贤之间的事。姚苌什么东西，敢自比古代圣人！"

姚苌羞愤，派人把符坚缢死在新平佛寺，时年48岁。其子符诜、两女符锦、符宝以及夫人张氏等人皆自杀。

投鞭断流

据北魏崔鸿《前秦录》载，东晋孝武帝太元年间，前秦符坚统一北方后，决心调集百万大军，乘势一举消灭东晋，统一全中国。符坚召集群臣商议，但大臣们多不赞成，其中有一位名叫石越的下属劝阻说："从星象来看，今年不适合南进。何况晋据守长江的险固，其君王又深获人民拥戴。我们不如暂时固守国力，生产整军，等晋内部松动，再伺机攻伐。"符坚很不以为然地说："星象之事，不尽可信。至于长江，春秋时的吴王夫差和三国时的吴主孙皓，他们都据有长江天险，最后仍不免灭亡。现在朕有近百万大军，光是把马鞭投进长江，就足以截断江流，还怕什么天险？"符坚不顾大臣们反对，执意出兵伐晋，他亲自率领80万大军逼临淝水，准备攻打东晋。东晋派大将谢玄、谢石带领8万精兵抗敌。符坚轻敌，想凭借优势快攻，却遭到晋军顽强抵抗，并在淝水被晋军打败，前秦从此一蹶不振。后来"投鞭断流"这个成语，就从原文中"以吾之众旅，投鞭于江，足断其流"演变而出，用来比喻军旅众多，兵力强大。

姚枢尊儒兴道学

姚枢（1203—1280），字公茂，号雪斋，又号敬斋，柳城（今河南西华，一说属广西）人，后迁洛阳。姚枢是元初重臣和著名理学家。

姚枢本是金朝人，他天资聪颖，志向远大，以勤奋好学著称于世。1232年，姚枢与另一名儒士杨惟中北投蒙古窝阔台汗，得到赏识与重用。

1235年，窝阔台命其次子阔出伐南宋，姚枢受命与杨惟中随军寻求儒、道、释、医、卜等学者。蒙军攻下德安（今湖北安陆），俘获宋儒赵复（字仁甫，世称江汉先生）。姚枢初遇赵复，见此人言谈不俗，甚感惊奇，便"挟以具卧"。赵复见眼前戎服长髯之人，顿感悲切，为自己落难于异族人手中痛不欲生；待夜深人静姚枢睡熟之后，悄然逃去。姚枢醒来，发现赵复已走，遂乘月驰马，踏着积尸，不顾一切向前追去。及至水边，见赵复正披发赤脚，仰天哭号着走向水中。姚枢抢先上前，救出赵复，挽臂而回。赵复被姚枢的精诚之至、"委屈劝免"所感动，遂承认自己就是江汉先生，并答应与姚枢一同北上。

1238年，在中书令耶律楚材的支持下，姚枢与杨惟中谋划的太极书院正式落成，请赵复为老师，系统讲解儒家经义，重点是讲授程朱理学。从此，程朱理学就在黄河以北地区广泛传播开来。

程朱理学又称程朱学派，是北宋程颢、程颐和南宋朱熹两学派的合体。二程是河南洛阳人，他们的学说被称为"洛学"；朱熹侨居建阳（今属福建），讲学考亭，他的学派被称做"闽学"。所谓的"洛闽之学"，也就是程朱理学。宋代理学原本发源于北方，但随着宋廷的南迁，周（敦颐）程（颢、颐）之学的主要人物也大都流落江南；朱熹继承和发展了二程学说，集理学之大成，建立起自己完整的理学体系，但由于南宋和金南北对峙，因此，程朱理学在中国北方并没有得到真正的传播。正是由于姚枢发现、保护并劝勉了赵复，又在燕京（今北京）建立太极书院及周子祠，"以二程、张、杨、游、朱六子配食，请赵复为师，选俊秀有识者为道学生"，而自己"首受其学"，才使中国北方开始知道了"程朱诸经"的存在，继而传播开来。为此，元太宗对姚枢"赐锦衣金符"，授"燕京行台郎中"。由此可见，姚枢作为中国北方程朱理学传播的先驱者之一，是当之无愧的。

13世纪40年代，耶律楚材失势，姚枢也因鄙弃台长鲁瓦尔的为人弃官携家退居辉州苏门（今河南辉县百泉）。在这里，姚枢"诛茅为室，作家庙，祀四世堂龛宣圣像，以周（敦颐）、程（颢、颐）、张（载）、邵（雍）、司马（光）六君子配，读书其间"。同时，他精心刊刻了《小学》《四书》及《诗经》传注，传之四方，以化民成俗。姚枢对程朱理学的研读与传播如痴如醉，"终日危坐"以治学，"鸣琴百家"以自娱，表现了这位"遁世乐天，若将终身"的理学家淡泊自甘、献身洛闽之学的坦荡胸怀和坚定信念。

怀庆河内（今河南沁阳）人许衡（字仲平）常来往于河洛之间，当他闻讯来到辉州，在姚枢处读了"伊洛程氏及新安朱氏书"后，眼界大开，遂敬信如神，兴奋得"不知手之舞，足之蹈"。他对自己过去所接受的和讲授的知识作了认真的反思，决心以程朱理学为范式，重新开始新的追求。他抄录了程颐的《易传》、朱熹的《论语集注》《孟子集注》《中庸章句》《大学章句》《中庸或问》《大学或问》《小学》等，"益大有得"，并将全家迁至苏门，与姚枢"相依以居"，同姚枢、窦默（字子声）一起"慨然以道为己任"。从这里，我们不难看出，姚枢作为北方程朱理学传播的先驱者，起到了承上启下、不可替代的中介、中枢、中坚作用。

姚枢在辉州"读书鸣琴，若将终身"时，并没有真正"遁世"。当元世祖忽必烈征召姚枢等人时，他们慨然出山，乐意为元廷服务。元世祖非常高兴，对姚枢"待以客礼"，并征询救世治国之大略，姚枢"乃为书数千言，首陈帝王之道"，把"治国平天下之大经"归结为八目：修身、力学、尊贤、亲亲、畏天、爱民、好善、远佞；同时提出"救时之弊"30条：立省部、辟才行、举逸遗、慎铨选、汰职员、班俸禄、定法律、审刑狱、设监司、明黜陟、阁征敛、简驿传、修学校、崇经术、旌节孝、重农桑、宽赋税、省徭役、禁游惰、肃军政、周匮乏、恤鳏寡、布屯田、通漕运、倚债负、广储蓄、复常平、立平准、却利便、杜告讦。元世祖大喜所望，对姚枢的才思惊讶不已，以致在以后的举措中"动必召问"，并让他教授世子经书。此时的姚枢，实际上已成为元世祖称雄天下的一位高级幕僚。

姚枢等人在辉州"以道为己任"，讲习经书，却为何又要应召出仕，去为元廷效力呢？他们认为，这是影响元朝统治者，并利用统治者的权力传播儒道尤其是程朱理学的极好机会。不这样做，儒道很难推行，中原文明就有可能断送在这些游牧贵族统治者手中。程颐的"圣贤之于天下，虽知道之将废，岂肯坐视乱而不救"思想，正是姚枢一派儒生一召即起的驱动力，也是他们"慨然以道为己任"的体现。他们决心以自己的行动去保护、推动儒道的流行，去感化、影响、转变元统治者的旧俗。

姚枢一派推崇的"道"，同程朱所说的"天""理"是同义语。"理谓之道"，"道"即"理"；"理"出自"天"，"天"即"理"；"理""道"都是绝对的、离开事物独立存在的抽象（精神）实体，它主宰和派生万事万物，一切封建的礼教、制度都归天理支配，并永恒而至尊。"行中国之道"是儒生们的孜孜追求，"为中国之主"是蒙古贵族们的迫切需要，二者一拍即合。姚枢治国平天下之"经"，除弊救世之"策"，实际上是他"以道事君"思想的具体体现。这与儒生们经常向忽必烈讲解的"三纲五常"的伦理道德、"为君难"及由此引发的"修德、用贤、爱民"治本观点，《资治通鉴》《贞观纪要》等为政思想，是相辅相成的。

除了强调"帝王之学"外，姚枢还遵循朱熹"设学养士"的主张，上疏忽必烈"立学校以育才"，使皇子及庶人子弟都来接受教育。忽必烈采纳了姚枢的建议，在各路、府、州、县广设学校。与学校教育并起勃兴的，是各地书院活跃的讲学活动。由于书院讲授的内容基本上都是程朱理学的思想，蒙古统治者认为有利于自己的统治，因此，学校与书院的迅速发展，不仅为程朱理学的广泛传播提供了极为有利的条件，而且还使程朱理学在元代牢固确立了自己封建正统学说的地位。

作为元世祖的高级幕僚，姚枢曾向忽必烈提过很多好的建议，并发挥了重大作用。比如，宪宗即位后，忽必烈受命统领民富物丰的漠南地区，为此忽必烈大宴群僚。姚枢劝忽必烈万万不可喜形于色，为防"廷臣间之"，而应当"维持兵权，凡事付之有司，则势顺理安"。世祖听后，如梦初醒，为之折服。1252年6月，在征伐大理时，姚枢建议忽必烈"不杀一人",尔后又盛赞忽必烈"圣人之心,仁明如此,生民有幸",大理百姓"得相完保"。1257年,当忽必烈的文功武治赢得中原地区民心、威望和权势逐渐扩大时,宪宗蒙哥受人挑拨,对其二弟忽必烈产生了疑忌,并派人严加查处。就在忽必烈性命岌岌可危时,姚枢说服忽必烈"尽王邸妃主"送归汗廷为质。之后,忽必烈又面见蒙哥,泪如雨下,宪宗终于消除了疑虑,下令停止对世祖的调查,避免了一场不测之祸。1260年,忽必烈登上汗位,先后拜姚枢为东平宣抚使、太子太师、大司农,诏姚枢到中书省议事,委托姚枢修订有关典章制度。姚枢把程朱理学与汉法融为一体,与几个老成大臣同心协力,圆满完成任务,"帝深嘉纳"。1276年,在元军攻取南宋临安时,姚枢透析了自夏至秋,一城不降、伤亡众多的原因,再一次建议元世祖"宜申止杀之诏,使赏罚必立,恩信必行",禁止滥用宋朝的鞭背、黥面等残酷刑罚,致使"圣虑不劳,军力不费",等等。

从这些建议中我们可以看出,姚枢推行儒道(其核心是程朱理学),不仅是他为元廷服务的目的,同时也是他辅佐忽必烈一统天下的理论根据。这从他拜中书左丞之后给元世祖的上疏中也看得非常清楚。

首先,他分析了从成吉思汗开创基业到以后数朝政治腐败的形势,称颂忽必烈"听圣典,访老成,日讲治道",为日后入主中原、文功武治打下了良好基础。这里所说的"道"和"圣典",指的都是儒家之道,是至高无上的性理之学;接着,他赞美忽必烈在"外侮内叛,继续不绝"的情况下,"能使官离债负,民安赋役,府库粗实,仓廪粗完,钞法粗行,国用粗足,官吏迁转,政事更新",皆"信用先王之法所致"。这里所说的"先王之法",就是窝阔台接受周孔之教,用中原汉族封建文明去改变蒙古国社会政治制度的治国方法。"治理汉地,必用汉法"的治国之道,使忽必烈把游牧的"大蒙古"国转变成了"大元"王朝;最后,姚枢托出自己的全部用心，力劝元世祖"创始治道，正宜上答天心，下结民心，睦亲族以固本，建储副以重祚，定大臣以当国，开经筵以格心，修边备以防虞，蓄粮饷以待欠，立学校以育才，劝农桑以厚生"。忽必烈知人善任，对姚枢予以充分的理解和信赖，"凡内修外攘之政，咸委任焉"。

1274年，元世祖任命姚枢为昭文馆大学士，详细制定各种礼仪。孔、孟、程、朱的道德准则在姚枢手中再一次得到系统化，并成为元王朝汉化蒙古游牧民族的规范。1276年，姚枢官拜翰林学士承旨。四年后，这位承前启后，为程朱理学在中国北方的传播付出全部心血的理学家，无悔地完成了一个先驱者的历史使命，溘然长逝，终年78岁。元世祖曾对侍臣说过一句肺腑之言："如窦汉卿（即窦默）之心，姚公茂（即姚枢）之才，合而为一，斯可谓全人矣。"

■ 故事感悟

在蒙军挥师南下一统中原的过程中，姚枢为保存并弘扬中原传统文化，特别是为程朱理学的恢复、传播并使之发扬光大，贡献了自己的全部聪明才智。姚枢在历史上留下的功绩，将被后人永远铭记。

■ 史海撷英

元朝农业生产和赋役制度

由于长期的战争，元朝初期北方人口下降，农田大量荒废为牧场。在内地先进农业经济的影响下，大元统治者逐渐放弃落后的游牧经济和剥削方式，施"以农桑为急务"的政策。

忽必烈在位期间，先设立劝农司，后又更名为司农司、大司农司，派出许多劝农使分赴各地整顿农桑。元政府又将《农桑辑要》一书颁行各路。

大元推行了军屯、民屯及军民和屯等屯田措施。此外，还采取了兴修水利等其他许多恢复和发展生产的措施。于是，各地的农业生产逐渐获得恢复和发展。元代棉花种植的逐渐推广，是农业生产上的一项重要成就。

在土地占有关系上，元代基本上沿袭辽、金及南宋的传统，佃户从事生产的租佃关系仍然占据主导地位。但在元朝，佃户的地位又有所下降。

元代还存在着落后的驱口。他们另有户籍，称驱户、驱丁，非经放良或赎买不能改籍。驱口作为奴隶制的残余形态，直到大元灭亡才消失。

元代，土地兼并的趋势继续发展。随着土地兼并的恶性发展，阶级矛盾日益激化，社会危机迅速加深。

元代的赋税制度主要有税粮和科差两项。税粮南北不同，北方分为丁税、地税；南方则沿袭宋代旧制，按地亩征收两税。科差行于北方者，包括丝料、包银和俸钞三项；南方科差则有户钞、包银。

元代差役，按里甲户等编派，如坊正、里正、仓官及库子等，又有修城、开河、筑堤、运输等力役。元代差役极为繁重，给劳动人民造成了巨大的危害。

■文苑拾萃

元朝绘画

元代未逾百年，然而在中国绘画发展历史上，却有着举足轻重的地位。在山水画方面，由于蒙古朝廷轻视汉人，多所贬抑，汉人知识分子有不愿出仕异族朝廷者，多避居山林，与友朋往来，其中不乏以书画交谊者。此时的绘画脱离了宫廷气氛，文人画获得了较大的发展。文人画多取材山水、花鸟，借以抒发"性灵"和个人抱负。画家标举士气，崇尚品藻，讲究笔墨情趣，脱略形似，强调神韵，并开启重视诗、书修养的文人条件。

此类画家以"元四家"（黄公望、吴镇、倪瓒、王蒙）为代表，并开启后来中国山水画主流。

　　入仕元庭的画家也对中国绘画有重要影响。如赵宋后嗣的赵孟頫，官拜刑部尚书的高克恭，以及如朱德润、柯九思、任仁发、唐棣等。赵孟頫提倡复古，主张青绿设色和古朴的山水构图，他的著名作品如《鹊华秋色图》可为代表。由于道教艺术在元代颇为活跃，多有壁画及外销画作流传，《永乐宫壁画》是此类绘画的代表作。

王阳明 "心为万物之本"

王守仁（1472—1529），汉族，浙江余姚人，字伯安，号阳明，世称阳明先生，故又称王阳明。王阳明是中国明代最著名的思想家、哲学家、文学家和军事家，是陆王心学之集大成者。他非但精通儒家、佛家、道家，而且能够统军征战，是中国历史上罕见的全能大儒。王阳明被封"先儒"，奉祀于孔庙东庑第58位。

王阳明出生于一个书香门第、官宦世家，其远祖为东晋大书法家王羲之。其父王华是成化十七年（1481年）状元，后官至南京吏部尚书。据《年谱》记载，王阳明出生前夕祖母梦见有人从云中送子来，梦醒时他刚好出生，祖父便为他起名叫王云，乡中人亦称其降生处为瑞云楼。然而，王阳明到了5岁还不会说话。一天一位高僧经过，抚摸着他的头说："好个孩儿，可惜道破。"意指他的名字"云"道破了他出生的秘密。其祖父恍然醒悟，遂更其名为守仁，此后他便开口说话了。这个故事有点神话色彩，但从这个故事可以看出王阳明幼年时并未显示出聪慧和才华。

王阳明10岁时，父亲高中状元，王阳明随父赴京，路过金山寺时，他父亲与朋友聚会，在酒宴上有人提议作诗咏金山寺。大家还在苦思冥想，王阳明已先一步完成："金山一点大如拳，打破维扬水底天。醉倚妙高台上月，玉箫吹彻洞龙眠。"四座无不惊叹，又让他作一首赋蔽月山房诗，王阳明随口诵出："山近月远觉月小，便道此山大于月。若有人眼大如天，还见山高月更阔。"表现出非凡的想象能力和深厚的文化素养。

王阳明十一二岁在京师念书时问塾师："何谓第一等事？"塾师说："只有读书获取科举名第。"他当时说："第一等事恐怕不是读书登第，应该是读书学做圣贤。"尽管如此，他从年少时代起就从不循规蹈矩，所有记载都说他自少"豪迈不羁"。如13岁丧母后，继母待他不好，他竟买通巫婆捉弄继母，使得她从此善待他。王阳明学习并非十分用功，他常常率同伴做军事游戏。年轻时他出游边关，练习骑马射箭，博览各种兵法秘笈，遇到宾客常用果核摆列阵法作为游戏。

17岁时，王阳明到南昌与诸养和之女诸氏成婚，可在结婚的当天，大家都找不到他。原来这天他闲逛中进了道教的铁柱宫，遇见一位道士在那里打坐，他就向道士请教，道士给他讲了一通养生术，他便与道士相对静坐忘归，直到第二天岳父才把他找回来。此后，他常常在各地和道士讨论养生的问题。

22岁时王阳明考进士不中，当时相当于宰相的内阁首辅李东阳笑着说："你这次不中，来科必中状元，试作来科状元赋。"王阳明悬笔立就，朝中诸老惊为天才。嫉妒者议论说，这个年轻人若中了上第，必然目中无人。25岁再考时被忌者所压，又未考中。

28岁礼部会试时，王阳明考试出色，名列前茅，中了进士，授兵部主事。王阳明早期尊崇程朱理学，为了实践朱熹的"格物致知"，有一次他下决心穷竹子之理，格了七天七夜的竹子，什么都没有发现，人却因此病倒，这就是著名的"守仁格竹"。从此，王阳明对"格物"学说产生了极大的怀疑。

明武宗正德元年（1506年），王阳明因反对宦官刘瑾，被廷杖四十，谪贬至贵州龙场（贵阳西北七十里，修文县治）当驿丞。他来到中国西南山区，龙场万山丛薄，苗、僚杂居，使他对《大学》的中心思想有了新的领悟。王阳明认为，心是万事万物的根本，世界上的一切都是心的产物，认识到"圣人之道，吾性自足，向之求理于事物者误也"，史称龙场悟道。王阳明在这段时期写了"训龙场诸生"。其众多弟子对于他的"心外无理，心外无物"的理论迷惑不解，向他请教说："南山里的花树自开自落，与我心有何关系？"他回答说："尔未看此花时，此花与尔心同归于寂。尔来看此花时，则此花颜色一时明白起来。便知此花不在尔的心外。"

此后王阳明发展了陆九渊的学说，用以对抗程朱学派。他说："无善无恶心之体，有善有恶意之动，知善知恶是良知，为善去恶是格物"，并以此作为讲学的宗旨。他断言："夫万事万物之理不外于吾心"，"天理即是人欲"；否认心外有理、有事、有物，认为为学"惟学得其心"，"譬之植焉，心其根也。学也者，其培壅之者也，灌溉之者也，扶植而删锄之者也，无非有事于根焉而已。"要求用这种反求内心的修养方法，以达到所谓"万物一体"的境界。王阳明的"知行合一"和"知行并进"说，旨在反对宋儒如程颐等"知先后行"以及各种割裂知行关系的说法。

王阳明论儿童教育，反对"鞭挞绳缚，若待拘囚"，主张"必使其趋向鼓舞，中心喜悦"，以达到"自然日长日化"。他的学说以"反传统"的姿态出现，在明代中期以后，形成了阳明学派，影响很大。死后，"王学"虽分成几个流派，但同出一宗，各见其长。王阳明的哲学思想远播海外，特别对日本学术界的影响很大。日本大将东乡平八郎就有一块"一生伏首拜阳明"的腰牌。王阳明的弟子与心学影响了很多人，如徐阶、张居正、海瑞、陶行知等，名扬海外！

■故事感悟

作为士大夫，在中国数千年的历史上，阳明先生是首屈一指的一位既有"立德""立言"，又有"立功"的人，其德行、事功，至今仍受到读书人的敬仰，可见其巨大的人格魅力。

■史海撷英

王守仁平定江西

正德十二年（1517年），江西南部以及江西、福建、广东交界的山区爆发民变。山民依靠山地据洞筑寨，自建军队。地方官员无可奈何，遂上奏朝廷。兵部举荐时任右佥都御史的王守仁巡抚江西，镇压民变。

正德十三年（1518年）正月，王守仁平定池仲容（池大鬓）部，奏请设立和平县，并兴修县学。三月，王守仁抵达江西莅任。他迅速调集三省兵力，镇压了信丰等地的起义。七月，王守仁念战争破坏巨大，上奏请求朝廷允准招安。朝廷遂委以地方军政大权，准其便宜行事。十月，王守仁率兵攻破实力最强的江西崇义县左溪蓝天凤、谢志山军寨，并会师于左溪，王守仁亲自前往劝降。十一月，王守仁遣使招安，并攻破蓝天凤部。

张埙登封治政

张埙（1640—1695），字韞如，长洲县（今苏州市）人，家住苏州葑门外。

清代康熙年间，苏州出了一位叫张埙的清官，人称"天下第一清官"。张埙从小聪明好学，"少时彬社剑峰集名最噪"，然而科举并不顺利，屡试不第，后来以"明经"（古代一种科举方式）当上了八旗官学教习（教师），负责分教镶旗子弟，"从学者多成材"。当学官结束后，参加朝廷吏部组织的铨试，获得候选县级官资格，于康熙十七年（1678年）选为河南登封县知县。

登封县是古嵩阳地，位于河南省中部，颖水上游，境内嵩山少林寺最著名，到任之日，张埙就拜岳立誓："不取一钱，不枉一人"，决心做位勤政廉洁的父母官。他在登封治政，主要表现在以下几个方面。

第一，重教育，修学堂。登封境内有嵩阳书院，曾是宋时天下四大书院之一，因年久失修，坍塌废圮。张埙出资修复，"构堂讲学"，并请当时著名的学者主持，学风重振，并且在境内设立"义学"21处。同时，他亲自编写通俗的"劝民俗语"作为教材，"导民以孝悌，教以忠信，劝以勤俭"。其办法深入人心，得到百姓的普遍拥护。不久，"自穷谷深山，妇人童子无不知有张公"。

第二，免税捐，减负担。中州地区的一种私派"火耗"捐税，一向很严重，老百姓苦不堪言，张埧得知后下决心要根除。他在衙门前竖碑勒石，"永除私派火耗"，并在城隍庙设立检举箱，让百姓举报。旧例，登封的官吏经常要向老百姓征集珍禽异兽、名贵中药材，加重了百姓负担。张埧对这种"下媚上"（剥削百姓，讨好上司）的做法十分反感，明确表示"吾弗为也"。嵩山出产一种名贵的兰花，原来的官吏多采兰送人，取悦上司，劳役百姓，张埧则决不采赠。

第三，赈灾济民，轻缓刑罚。张埧为官十分勤奋，一有空暇便跑到田间地头，指导农民耕作，"单车巡行陇亩，闲课农桑"。康熙十八年（1679年）登封大旱，并出现大面积的虫灾。为安抚民心，张埧"囚服锁项，自暴呼天"；撰写文章祭祀田祖，驱赶害虫；出资"悬捕虫赏格"。当年闹饥荒，张埧设厂食救难民，移粟分赈，购买麦数百斛，及时免费分发给穷苦平民。旧时，县官的主要职责除了收取赋税之外，还有一项重要职责便是"断案"。在戏剧中，我们常常能看到县太爷正坐高堂，手执醒木，审理案子，一派严肃的样子。张埧认为百姓大都是善良的，只是在万不得已时才做出犯法的事来，因此他对一般民事都采取轻缓刑罚，重在以仁义劝导教化。

张埧在登封为官共5年，由于他勤政廉政，登封出现了"路不拾遗，狱讼日少"、百姓安居乐业的盛世局面。为此，他赢得了老百姓的崇敬和爱戴，"登封人家家祀其位，饮食必先祝祭"。

康熙二十二年，河南巡抚向朝廷大举其"卓异"，张埧升为广西南宁通判。临别时，登封数十万人哭泣送行，留下其衣冠，藏在嵩山岳庙中，"岁岁逢寿春异出游，尊若神明"，并在四乡各建祠堂纪念。张坝当然也忘不了登封，尽管后来辗转南北，但登封的事总是牵挂在心头。他曾几次应邀或路过登封，登封人每次都遮道迎候，争先异归，"以先得供养旦夕为幸"。

康熙三十三年秋，张坝在北京病逝，在京的中州士大夫都到其寓舍"设位以祭"，见其清贫家庭，"无不泣下沾襟"，"讣至中州，登封人比户罢春持香楮走哭于张公四祠，匍匐吊唁"。在四乡张公祠堂中供其塑像，榜为"天下清官第一"。

■故事感悟

张坝在登封为官五年，勤政爱民，教化百姓，取得了辉煌的成绩，由此，登封百姓对张坝"岁岁逢寿春异出游，尊若神明"，登封张坝也凭此功绩流传千古！

■史海撷英

康熙帝兴文重教，编纂典籍

康熙重视文化教育，亲自主持编纂了许多重要的典籍，譬如《康熙字典》《佩文韵府》《清文鉴》《康熙全览图》《古今图书集成》。康熙主持编纂的典籍有六十多种，大约有两万卷，是中华民族文化中的重要精神财富。康熙朝使清帝国屹立于世界东方。当时俄国有彼得大帝，法国有路易十四，康熙与他们比有伟大过人之。康熙在位时期人口最众多，经济最富裕，文化最繁荣，疆域最开阔，国力最为强盛。那时候，清朝的疆域东起大海，西到葱岭，南至曾母暗沙，北跨外兴安岭，西北到巴尔喀什湖，东北到库页岛，总的面积大约有1300万平方千米。

江南曲

（清）张埙

别君复几日，葵稻当门多。

刀钱重腰带，秋风动绮罗。

七彩芙蓉帐，红衾叠寒波。

秋夜长如此，寂寞金闺里。

梁上难同紫燕飞，镜前拟作青鸾死。

思君忆君不见君，江南梦化陇西云。

前日缄书浑是泪，不须更验石榴裙。

朱熹与"白鹿书院"

朱熹（1130—1200），字元晦，一字仲晦，号晦庵、晦翁、考亭先生、云谷老人、沧州病叟、逆翁。朱熹是南宋江南东路徽州府婺源县（今江西省婺源）人，汉族。他19岁进士及第，曾任荆湖南路安抚使，仕至宝文阁待制。为政期间，他申敕令，惩奸吏，治绩显赫。朱熹是南宋著名的理学家、思想家、哲学家、教育家、诗人、闽学派的代表人物，世称朱子，是继孔子、孟子以来最杰出的弘扬儒学的大师。

南唐升元四年（940年），南唐政权在李渤隐居的地方建立学馆，称"庐山国学"，又称"白鹿国学"。这是一所与金陵（今南京）国子监相类似的高等学府。北宋初年，江州的乡贤明起等在白鹿洞办起了书院，"白鹿洞书院"之名从此始，但不久即废。直到著名理学家朱熹重修书院之后，白鹿洞书院才扬名国内。朱熹不仅重修了白鹿洞书院，而且还建立了严格的书院规章制度。

《白鹿洞书院教条》不但体现了朱熹以"格物、致知、诚意、正心、修身、齐家、治国、平天下"等一套以儒家经典为基础的教育思想，而且成为南宋以后中国封建社会700年书院办学的模式，也是教育史上最早的教育规章制度之一。

自朱熹之后，白鹿洞书院"一时文风士习之盛济济焉，彬彬焉"。它与岳麓书院一样，成为宋代传习理学的重要基地。

在中国思想史上，朱熹无疑占有非常重要的地位。蔡元培曾以之上比孔子，说"宋之有晦庵（朱熹号晦庵），犹周之有孔子"，日本三浦藤作说他"极以欧洲近世代表的哲学者康德"。的确，朱熹治学勤奋、精谨，学识广博，著述宏富，创见颇多，是一位成就卓越、影响深远的思想家。他的成就得益于他有一套行之有效的读书方法。他的学生张洪、齐熙非常注意总结朱熹的读书方法，把朱熹论读书方法的话摘编成《朱子读书法》一书，后被程端礼辑入《程氏家塾读书分年日程》而广为流传，产生了很大影响。

《朱子读书法》将朱熹关于读书方法的论述概括、归纳为六条，主要内容有以下几个方面。

第一，居敬持志。所谓"居敬"，就是精神专一，注意力高度集中。朱熹说："读书者当将此身葬在书中，行住坐卧，念念在此，誓必以晓彻为期，看外面有甚事，我也不管，只凭一心在书上，方谓之善读书。"他认为，只有如此专注才能增进阅读的兴趣、记忆力与理解力。所谓"持志"，就是树立一个具体目标，或根据一个特殊问题，去书本中收集、整理有关资料。在此，朱熹特别推崇苏轼的做法，苏轼说："少年为学者，每一书皆作数过尽之。书富如入海，百货皆有，人之精力不能兼收尽取，但得其所欲求者尔。故愿学者每次作一意求之。如欲求古今兴亡治乱、圣贤作用，但作此意求之，勿生余念。又别作一次，求事迹故实典章文物之类，亦如之。他皆仿此。"这样以问题为中心读书，目标明确，易得实效，读数遍后全书内容即可了然于胸。

第二，循序渐进。所谓"循序"，就是遵循教材的客观顺序与学生的主观能力规定学习的课程或进度。在教材方面，朱熹认为，读"四书"须以《大学》为先，次《论语》，次《孟子》，次《中庸》。在能力方面，朱熹说："量力所至，约其课程而谨守之""读书不可贪多，使自家力量有余……如射弓有五斗力，且用四斗弓，便可挽满，已力欺得他过。今学者不忖自己力量去观书，恐自家照管他不过。"所谓"渐进"，就是不能一味求快，而应按照课程逐字、逐句、逐篇、逐章去领会。朱熹说："读书如园夫灌园。善灌者随其蔬果根株而灌之。灌溉既足，则泥水相和而物得其润，自然生长。不善灌者忙急而治之，担一担之水，浇满园之蔬，人见其治园矣，而物未尝沾足也。"他还以人吃饭为例说明读书宜渐进，他说："如人一日只吃得三碗饭，不可将十数日饭都一起吃了。一日只看得几段，做得多少工夫，亦有限，不可衮去都要了。"概括起来，循序渐进就是要求"量力所至而谨守之，字求其训，句索其旨。未得乎前，则不敢求乎后；未通乎此，则不敢志乎彼"。

第三，熟读精思。所谓"熟读"，就是要把书本反复诵读，至滚瓜烂熟。朱熹称颂张载关于熟读的要求，说："横渠（张载人称"横渠先生"）教人读书必须成诵，真道学第一义。"朱熹不仅要求读书成诵，而且要求读书遍数，认为"诵数已足，而未成诵，必欲成诵。遍数未足，虽已成诵，必满遍数。但百遍时自是强五十遍时，二百遍时自是强一百遍时"。为了增进读书效果，朱熹认为读书要有"三到"，他说："余尝谓读书有三到，谓心到、眼到、口到。心不在此，则眼不看仔细，心眼既不专一，却只漫浪诵读，决不能记，记亦不能久也。"朱熹曾自述其熟读的例子说："某少时为学，16岁便好理学，17岁便有如今学者见识。后得谢显道《论语》甚喜，乃熟读，先将朱笔抹出语意好处。又熟读得趣，觉得朱抹处太烦，再用墨笔抹出。又熟读得趣，别用青笔抹出。又熟读得其要领，乃用黄笔抹出。至此自见所得处甚约，只是一两句上，却日夜就此一两句上用意玩味，胸中自是洒落。"用不同颜色的笔圈点可增进记忆、加深理解，为熟读的一种有效辅助手段。所谓"精思"，就是反复寻绎文义，使书中意若出己之心。朱熹认为熟读、精思是密不可分的，只要读得熟，自然思得精。认为精思"这功夫须用行思坐想，或将已晓得者再三思省，却自有一个晓悟处出，不容安排也"。他的学生黄干曾描述朱熹注《四书》时精思的情形，他写道："先师之用意于《集注》一书，愚尝亲见之。一字未安，一语未须，覃思静虑，更易不置，或一二日而未已，夜坐或至三四更，如此章乃亲见其更改之劳。对坐至四鼓，先生曰：'此心已孤，且休矣！'退而就寝，目未交睫，复见遣小吏持版牌改数字以见示，则是退而未寐也。未几而天明矣。用心之苦如此。"朱熹自己可称得上是熟读精思的典范。

第四，虚心涵泳。其义有四：（一）客观的态度，即"以书观书，以物观物，不可先立己见"。读者应站在著者的立场解释书意，而不应根据主观的意愿去揣测古人的本义。（二）不执著己见。朱熹说："读书若有所见，未必便是，不可便执著，且放在一边，益更读书以来新见，若执著一见，则此心便被此遮蔽了。譬如一片净洁田地，若上面才安一物，便须有遮蔽了处。"（三）公正的态度。朱熹认为："读书正如听讼，心先有主张乙的意思，便只寻甲的不是；先有主张甲的意思，便只见乙的不是。不若姑置甲乙之说，徐徐观之，方能辨其曲直。"也就是说，读书时遇到不同的解说，应持公正态度，细心分析比较，以求最适切的解释。（四）接受平正简明的解说，而不好高务奇、穿凿立异。他说："文字且虚心平看，自有意味，勿苦寻支蔓，旁穿孔穴，以汩乱义礼之正脉。"

第五，切己体察。就是要求读书时，使书中道理与自己经验或生活结合起来，并以书中道理指导自己的实践。朱熹说："学者读书，须要将圣贤言语，体之于身。如克己复礼，如出门、如见大宾等事，须就自家身上体着，我实能克己复礼、主敬礼恕否？件件如此方有益。"并说："读书便是做事。凡做事有是有非，有得有失，善处事者不过称量其轻重耳。读书讲究其义理，判别其是非，临事即此理。"

第六，着紧用力。就是要以刚毅勇猛的精神去读书，并且坚持到底而不懈怠。朱熹说："为学要刚毅果决，悠悠不济事。且如发愤忘食，乐以忘忧，是甚么精神，甚么筋骨！"又说："读书如战阵厮杀，擂着鼓，只是向前去，有死无二，莫更回头是得。"他还说："为学正如撑上水船，一竿不可放缓。"他继续打比方说："看文字须如酷吏治狱，直是推勘到底。""做工夫一似穿井相似，穿到水处，自然流出来不住"。

居敬持志、循序渐进、熟读精思、虚心涵泳、切己体察、着紧用力是朱熹的六种读书方法，朱熹运用这些方法取得了治学的巨大成绩。朱熹曾作有《观书有感》诗，表现了读书有得的欣喜之情。这首诗是这样写的："半亩方塘一鉴开，天光云影共徘徊。问渠那得清如许？为有源头活水来。"

■故事感悟

朱熹兴学崇教，主讲白鹿洞，是千古流传的一段佳话。朱熹的读书法虽然仍有忽视社会实践、缺乏质疑问难精神等不足，但作为我国古代学者关于读书最充分、最系统的论述，它具有经验总结的意义，因此在今天仍有研究、参考、借鉴的价值，值得重视。

■史海撷英

朱熹的哲学思想

朱熹继承周敦颐、二程，兼采释、道各家思想，形成了一个庞大的哲学体系。这一体系的核心范畴是"理"，或称"道""太极"。朱熹所谓的理，有几方面互相联系的含义：其一，理是先于自然现象和社会现象的形而上者。他认为，理比气更根本，逻辑上理先于气；同时，气有变化的能动性，理不能离开气。他认为万物各有其理，而万物之理终归一，这就是"太极"。其二，理是事物的规律。其三，理是伦理道德的基本准则。

朱熹又称理为太极，是天地万物之理的总体，即总万理的那个理。"太极只是一个理字"。太极既包括万物之理，万物便可分别体现整个太极。这便是人人有一太极，物物有一太极。每一个人和物都以抽象的理作为它存在的根据，每一个人和物都具有完整的理，即"理一"。气是朱熹哲学体系中仅次于理的第二个范畴。它是形而下者，是有情、有状、有迹的；它具有凝聚、造作等特性。它是铸成万物的材料。天下万物都是理和质料相统一的产物。朱熹认为，理和气的关系有主有次。理生气并寓于气中，理为主，为先，是第一性的；气为客，为后，属第二性。

■文苑拾萃

菩萨蛮

（宋）朱熹

暮江寒碧萦长路，路长萦碧寒江暮。
花坞夕阳斜，斜阳夕坞花。
客愁无胜集，集胜无愁客。
醒似醉多情，情多醉似醒。

康熙重西学研百术

康熙（1654—1722），名爱新觉罗·玄烨。康熙是清朝第四位皇帝，也是清朝入关以来第二位皇帝，年号"康熙"，通称康熙皇帝，是中国历史上的成功帝王之一。

康熙皇帝玄烨，在清代诸帝中是很有作为的。他的文治武功得力于勤奋好学，故史学家们誉之为好学皇帝。

康熙8岁登基，作为清入关的第二代皇帝，他深知年幼无知，必须把读书学习作为治国平天下的头等要事。据《康熙政要》载，康熙的学习十分勤奋且认真，"日所读书，必使字字成诵，从来不肯自欺"，并努力从书中"体会古帝王孜孜求法之意"。康熙七年（1668年），他采纳了大臣熊赐履的建议，讲学勤政并举，实行经筵与日讲两种讲学制度。经筵在文华殿举行，日讲则设在乾清宫，或弘德殿与懋勤殿。

在听课时，康熙不仅认真听讲，而且主张"互相阐发"，因为只有这样，"方解融会义理，有裨身心"，"有裨实学"。听完课后，他总是将讲授的内容反复琢磨，一定要求得道理明彻才罢休。在繁忙的政务中，他也是抓紧一切可以利用的时间研读典籍，常常天未放亮就起床苦读，晚上也常读至深夜，寒暑不辍，风雨无间。十三年（1674年），康熙镇压三藩叛乱，军务倥偬，大臣提出隔日进讲，但他驳回了大臣的请求，"仍为日进讲"。在八年的平乱战争中，无论春夏秋冬，经筵与日讲都坚持不懈。由于他勤奋学习，所以他对中国古典文化有较深入的了解。加上教他的讲官如熊赐履、李光地、叶方蔼、韩英、高士奇、张伯行等人都是当时的大学者，所以他所学习的知识十分丰富，对传统的四书五经、历朝典章、《二十四史》以及诸子百家之书，都有较深的理解。

康熙有了经史之学的基础，开始把学习范围扩大到西方传教士带来的西方自然科学，如数学、天文学、地理学、药理学、解剖学、拉丁文、音乐理论、欧洲哲学等。他学习自然科学，其动因在于政治需要。康熙初年，出现了一场历法之争，学者之间互相评告，至死者不知其数。这场历法之争实际上是一场政治斗争。当时因举朝无有知历法者，这使康熙感到问题严重。于是，"凡万几余暇，即专制于天文历法二十余年"。为了弄清历法，他把传教士南怀仁召至宫中，让他做一名有别于熊赐履、叶方蔼等人的"讲官"。以后，又陆续聘用葡萄牙的徐日升，法国的白晋、张诚，意大利的闵明我、德理格等人到宫中充任内廷行走，为他进讲西方科学。

据法国传教士白晋给法国国王路易十四的报告中讲：康熙每天都召见他们进宫讲授西方科学。康熙听讲十分认真，重复所讲内容，自己动手画几何图，并向他们提出感到有困惑的任何问题。为了记住几何定理的推理步骤，康熙经常温习几何定理。在半年的时间里，康熙就掌握了几何学，能够立刻说出他所画的几何图形的定理及其证明过程。康熙对传教士说，《几何原本》他至少读了20遍。他以极大的兴趣学习西方科学，每天除听讲课外，晚上还要自学，起早贪黑，往往在传教士到达讲课地点之前就做好了听课的准备，一见到传教士就向他们求教，让他们帮助教正他做过的习题，问一些新问题。传教士张诚在其日记中记述康熙学医的情况。

"……皇上在这次谈话中得知我们已经写出了一些材料，放在我们书房里，他便派御前的一个太监随我们去取。这份论述消化、营养、血液变化和循环的稿子，虽然尚待完成，但我们已经画出一些足以使人领会的图例。皇上仔细翻阅，特别关于心、肺、内脏、血管等部分。他还拿起稿子与一些汉文书籍上的有关记述互相对比，认为两者颇为相近。"自古帝王尊师求师者有之，像康熙这样打破传统观念，专心致志地学习自然科学，而且是向外国人学习，却是十分罕见的。

康熙不仅善于学习西方自然科学，而且也注重对中国自然科学遗产的继承和总结，以图社会实践的应用。他说："朕平时读书穷理，总是要讲求治道，见诸实行，不徒空言"，"学问无穷，不在徒言，惟当躬行实践方有益于所学。"由于他讲求学以致用，所以在自然科学方面做出了卓越的成绩。

首先，他组织编纂了《律历渊源》。在《庭训格言》中，康熙叙述了学习数学和整理数学遗产的良苦用心。

"朕幼时，钦天监汉官与西洋人不睦，互相参劾，几至大辟。杨光先、汤若望于门外九卿前，当面睹测日影，奈九卿中无一知其法者。朕思己不知，焉能断人之是非，因自愤而学焉。今凡入算之法，累辑成书，条分缕析，后之学此者，视此甚易，谁知朕当日苦心研究之难也。"在学习西方自然科学的过程中，他深知数学是天文、地理、测绘、水利等学科的基础，故在南怀仁、白晋、张诚等人的辅导下，先后学习了欧几里得的《几何原本》、巴蒂斯的《实用和理论几何学》以及代数、三角、对数等几种数学科目，并命张诚等人陆续翻译和编纂了《几何原本》《比例规解》《侧量高远仪器》《八线表根》《借根方算法解要》等十几种满汉数学书籍。

在学习西方数学的过程中，康熙发现中国传统数学著作有不少成就先于西方，但在元代以后有的失传。为了整理中国数学成就，并把西方自然科学加以系统化，康熙帝于康熙五十二年（1713年）兴办算术馆，地点设在畅春园蒙养斋，召集中国数学人才如梅钰成、陈厚耀、何国宗、明安图等人，根据算术馆教学的需要，由皇三子允祉负责组织编纂大规模的天文、数学、乐理丛书《律历渊源》。康熙不仅亲自拟定编辑方针，而且还把自己数十年积累的算稿拿出来作为编纂数学部分的资料。

康熙还组织测绘了《皇舆全览图》。在西方传教士南怀仁的影响下，康熙对地理学产生了兴趣。在一边学习《西方要纪》，了解世界地理知识；一边学习中国传统地理著作，如《水经注》《洛阳伽蓝记》《徐霞客游记》等，同时还在出巡、征战等机会中，进行实地的天文地理考察。他先后派人考察了长江、黄河、黑龙江、金沙江、澜沧江，组织了一次大规模的全国地图勘测。为了实地考察地理，他精心组织了以西方传教士为主体的测绘技术队伍。这支测绘技术队伍经过十几年的培训，一部分技术人员是由张诚等人培训的中国学生。康熙不仅重视人才培养，而且注意向西方采办测绘仪器。康熙四十七年（1708年），他传谕进行全国地图测绘。这支测绘队伍走遍了东南西北中各省，绘制了一幅幅各省地图。康熙五十六年（1717年），全国地图的测绘大功告成。他亲自命之为《皇舆全览图》。它采用经纬图法，梯形投影，比例为1：400000。这是我国第一次经过大规模实测，用科学方法制出的地图，是亚洲当时所有地图中最好的一份，而且比当时的所有欧洲地图都好且精确。《皇舆全览图》的测绘，在世界地理学史上是一件大事。

同时，康熙还注重科技的应用，在培育优良稻种以及气象、医学方面多有建树。据记载，康熙亲自考察过二十余种植物，对某些植物、土壤及栽培技术进行过调查研究，并做了一些有效的实验。如他在南巡时，发现农民运载猪毛和鸡毛到用泉水浇灌的稻田，以提高水温，促使稻子早熟。于是他回京后采用这种方法在玉泉山稻田搞试验，结果使稻早熟丰收。他曾经在西苑丰泽园开辟了一片水田，一年六月他偶尔发现有一棵稻子早熟且颗粒饱满，于是他亲自采折下来作为种子，在次年进行栽培试验，结果在六月成熟。这种稻米颗粒细长，颜色微红，香甜可口。于是他下令年年播种，以致康熙朝几十年间宫中帝后们都食这种稻米。他命名此稻为"御稻"，后在江宁、苏州等地推广。

康熙还注重气象勘测。据《清实录》记载，他曾组织大面积进行气象勘测，"令直隶各省，凡起风下雨之时一一奏报。见有京师于是日起西北风，而山东于是日起东南风者"。对于雷声的传播范围，他也组织人们进行勘测，方知霹雳仅传七八里。不仅如此，他还将雷声与炮声的传播距离进行了比较。这对于辨别雷、炮声以利于正确判断军情，很有实际意义。

在医学实践方面，康熙研究过药理、养身之道及人体解剖等。由于他对医学颇有研究，以致能常给臣下开方治病。他相信西方传来的西药。如康熙五十一年，江南织造曹寅患疟疾，他派人星夜驰送金鸡纳霜（即西药奎宁），并嘱咐用药的要求。由于他相信医学，所以他对江湖术士的所谓养身之道嗤之以鼻，并告诫后人："凡世上之术士，但欺诳人而已矣。"

■故事感悟

康熙作为一代帝王，以治国平天下为目的，他尊师好学，抛弃民族偏见，大胆地拜西方传教士为师，学习和研究西方自然科学，把西方的自然科学应用于实际，这对于清朝初期西学的提倡与推广起到了重要的作用。

清朝入关第一帝

顺治是清朝进入中原后统治中国的第一个皇帝，他从小就接受了良好的汉文化教育，使他摆脱了先辈那种落后民族的草莽作风，转而具有文人学士之风。从此，他的统治由父辈的以武功骑马打天下，转为以文治治天下。

顺治采取了一系列措施，以缓和民族矛盾，这对刚入关的清政府是非常有必要的。当时清朝并没有完全统一中国，在西南有李定国的残明部队盘踞，东南又有郑成功率水师的不断骚扰，清军面对两大割据势力是疲于奔命，穷于应付。于是，顺治帝便结合清军善骑射的特点，与众大臣共同议定了先西南后东南的军事策略，决定先尽力招抚郑成功，同时派降将洪承畴率清军攻打西南的李定国。对其他小股农民武装，顺治帝则采取了先招抚后镇压的策略，使得地方农民武装渐渐减少直至消亡。洪承畴对西南李定国的剿伐进展得很顺利，于1659年消灭李定国主力，进入云南，迫使其残余逃往缅甸。随后又在郑成功拒不投降的情况下，挥师东进，很快收复江、浙、闽、粤等地，迫使郑成功率部攻打台湾，收复了被荷兰人统治长达38年的台湾。此后，郑成功及其后裔便在台湾盘踞下来。经过这番征战，一个统一的多民族的封建王朝终于完成了草创。

在基本完成国家的统一，巩固清王朝的统治后，顺治帝将精力放到发展社会生产上来。首先是奖励垦荒，并减轻赋税，编成《赋役全书》颁行天下，免除了明朝天启、崇祯年间繁重的杂派。

此外，顺治帝还对多尔衮摄政时期所实行的圈地弊政进行改革，他下令禁止圈地，要求将土地还给原主，恢复耕种。之后他又再三强调，永远不许圈占民房和土地，之后圈地还是时有发生，但规模都不算大。顺治帝总算中止了这种危及千家万户的滋扰。此后顺治帝又大力整顿吏治，严惩了一批贪官污吏，将他们或革职、或流放、或处死。

顺治这些努力对巩固清朝初年的统治起到了重要作用，但还没有从根本上消除清朝官僚机构的弊病。

■文苑拾萃

多尔衮的灭亡

在剿灭李自成的大顺军和南明政权后，被胜利冲昏头脑的多尔衮下达"剃发令"，宣布"留头不留发，留发不留头"。此令一出，激起了江南人民的抗清斗争，一时间，各地反剃发斗争此起彼伏。

全国人民日益高涨的反剃发斗争使多尔衮焦头烂额，不久就在一次射猎中坠马受重伤而死。年仅14岁的顺治遂走上前台，开始亲政。顺治亲政后的第一件事，就是将生前威比天子、富如君王的多尔衮的所有爵位全部追夺，并下令没收他的财产，又命令毁掉他的坟墓，挖出他的尸体，斩首示众。多年来受多尔衮压制的顺治帝终于狠狠地出了一口恶气。同时，他的行动也是杀鸡儆猴，既安抚了王公大臣的愤怒情绪，又使得有专权之心的大臣不敢有非分之想，一举树立了自己的权威。

石勒敬儒生重教育

石勒（274—333），十六国时期后赵建立者。石勒字世龙，原名
匐勒，石勒这个姓名，是后来汲桑替他取的。石勒是上党武乡（今
山西榆社北）人，羯族，319年称赵王。

　　石勒在青少年时期饱受阶级压迫和民族压迫之苦，因而没有上过
学，没有文化，但是他深知文化的重要性，非常重视学习，"虽在军旅，
常令儒生读史书而听之"。

　　羯族大概是在汉朝时随匈奴族入居塞内的西域石国人，他们的外貌
深目高鼻多须。石勒的祖父和父亲都是部落小帅，石勒从小就饱受阶级
压迫和民族压迫之苦。他小时候的生活很穷苦，经常出卖劳力，替别人
种田。晋惠帝太安年间（302年—303年），石勒所在的并州地区闹饥荒，
并州刺史司马腾乘战乱和饥荒掠卖胡人，石勒被司马腾的部下抓去，他
与别人被锁在一副枷上，押送到冀州去卖。押送军人在途中百般凌辱他
们，备历病饿死亡的危险。到了冀州，石勒被卖给茌平（今山东茌平西
南）的一个地主师懂做奴隶，为他耕田。

　　有一次，石勒外出做工，被官军抓去。半路上他乘机逃脱，召集了

八个人为"骑盗"揭竿而起，后来又得十人参加，号称"十八骑"。他先投奔赵、魏一带的公师藩，后又投靠刘渊。这期间，石勒的军队发展到十余万人。此后石勒率军转战南北，全歼西晋主力军东海王司马越部，攻陷西晋首都洛阳，南进江汉，北陷幽州，东取青州，攻灭前赵。中原地区除辽东慕容氏、河西张氏以外，全部被其统一，其地"南逾淮、海，东滨于海，西至河西，北尽燕代"。319年，石勒自称大单于、赵王，定都襄国（今河北邢台市），史称后赵。330年石勒称皇帝。

石勒以一个少数民族人，由奴隶到将军、再到皇帝，表现了他卓越的治国用兵才能。然而他竟是一个不识字的文盲，他"手不能书，目不识字"。那么，他成功的奥秘是什么呢？

原来石勒虽然自己不识字，但是他非常重视文化，努力学习。史称"勒雅好文学，虽在军旅，常令儒生读史书而听之"。石勒在行军作战中，一有空闲便让别人读书给他听。他还特别注意从历史上吸取经验教训，因而尤其喜欢听历史书。原来这就是石勒独特的学习方法。由于他有丰富的实践经验，加上他聪明好学，专心致志，所以"每于军中令人诵读，听之，皆解其意"。他不仅能完全领会书中的意思，而且往往还有自己独到的见解，"每以其意论古帝王善恶，朝贤儒士听者莫不归美焉"。

有一次，他让儒生给他读《汉书》的《张良传》。书中记载了这样一件事：汉三年，项羽在荥阳围困刘邦的军队，刘邦忧恐一筹莫展，与一个叫郦食其的谋士一起商议对策，郦食其建议说："今秦无道，伐灭六国，无立锥之地。陛下诚复立六国后，……楚必敛衽而朝。"刘邦听了后很高兴，说："善，趣速刻印，先生因行佩之。"

当石勒听完这一段记述后，大惊曰："此法当失，何得遂成天下！"后来儒生们又继续往下念，下面是这样记载的：当时郦食其正准备出发去执行立六国后的计划时，恰巧张良从外面来拜谒刘邦，刘邦便把郦食其提出的建议告诉了张良，张良听后，大惊道："谁为陛下画此计者？陛下事去矣！"张良便对刘邦分析了这个主意所带来的严重后果。张良认为立六国后，将严重削弱自己的力量，不仅不能使项羽归顺，反而更加壮大项羽的力量。刘邦听罢，"辍食吐哺，骂曰：'竖儒，几败乃公事！'令趣销印"。

当听完这一段话后，石勒才松了一口气，说道："赖有此耳。"可见，石勒不仅能够很好地理解书中的内容，而且往往能作出中肯的评价，表现了很高的鉴赏水平和过人的才识。他就用这种办法读了许多书，使自己有了很高的文化修养，日后他亲自到太学考试诸生就是一个明证。石勒还把丰富的政治、军事经验与书本知识结合起来，大大提高了自己的治国用兵才能。他认为自己的才能在刘邦之下，而在东汉光武帝刘秀之上，他曾说："若逢高皇，当北面而事之，与韩（信）、彭（越）竞鞭而争先耳。脱遇光武，当并驱于中原，未知鹿死谁手。"他对自己的这个估计并非没有道理。由此可见，石勒的成才也离不开文化知识的涵养，他这样一个不识字的少数民族首领，竟然能以这种独特的方法刻苦读书，充实提高自己，这种学习精神值得赞佩。

正因为石勒深知文化知识的重要性，因此，在治国方面他就非常重视知识，重视知识分子，重视兴办教育事业。当他转战河北的时候，即将当地的"衣冠人物，集为君子营"。他广泛吸收汉族知识分子，以汉族失意士人张宾为谋主，授以大权，总管朝政。当时少数民族因遭受西晋统治阶级残酷的压迫剥削，所以起兵以后往往大杀汉人。但是石勒下令胡人"不得侮易衣冠华族"，着意保护汉族知识分子。在他攻取河北以后，即在襄国"立太学，简明经善书吏署为文学掾，选将佐子弟三百人教之"。不久，又"增置宣文、宣教、崇儒、崇训十余小学于襄国四门，简将佐豪右子弟百余人以教之"。这是对石赵政权文武官吏的子弟加强教育。他不仅让他们的子弟学习文化知识，还让他们学习武艺，"署前将军李寒领司兵勋，教国子击刺战射之法"，在国子学中增设军事课程，从文武两方面培养人才。他自己经常"亲临大小学，考诸学生经义，尤高者赏帛有差"。后来，石勒又"命郡国立学官，每郡置博士祭酒二人，弟子百五十人，三考修成，显升台府"，又"擢拜太学生五人为佐著作郎，录述时事"。他还任命史官撰写《上党国记》和《大将军起居注》等。

■故事感悟

石勒为发展后赵的文化教育事业尽了很大的努力，并作出了可观的成绩。总之，不论文治还是武功，石勒在十六国胡族统治者中都是一个佼佼者。

■史海撷英

石勒建立后赵

晋大兴二年（319年）十一月，由于石虎、张敬、张宾、支屈六、程遐等文武129人联名上疏，请石勒称尊号，依刘备在蜀、魏王在邺故事；以河内、魏郡、汲郡等十一郡和前封赵国、广平、阳平、渤海等13郡合计24郡，计29万户，为赵国；郡太守皆改称内史，请以大单于"镇抚百蛮"，即管理少数民族，并罢去并、朔、司三州。石勒接受了这个建议，即位称赵王，改元称赵王元年，即以襄国为都城。由于汉主刘曜此前已经改国号为赵，史称前赵，故称石勒所建为后赵。

石勒既称赵王后，继续进行了一系列的政权建设，举其要者如下：第一，均百姓田租之半，孝悌力田及死义之孤赐帛有差，孤老鳏寡者赐谷每人三石。第二，建立社稷、宗庙、营建东西官署。第三，派使者巡行州郡，劝课农桑。第四，设官分职，各司其事：经学祭酒从事中郎裴宪，参军傅畅、杜嘏；律学祭酒参军续咸、庾景；史学祭酒任播、崔濬；门臣祭酒中垒支雄、游击王阳，专明胡人辞讼；门生主书，司典胡人出内，重其禁法，不得侮易衣冠华族，号胡为国人。第五，大执法张宾，专总朝政，位冠寮首；单于元辅石虎都督禁卫诸军事；司兵勋为前将军李寒，教国子击刺战射之法。第六，编撰工作。《上党国记》由记室佐明楷、程机撰；《大将军起居注》由中大夫傅彪、贾蒲、江轨撰；《大单于志》由参军石泰、石同、石谦、孔隆撰。第七，封赏功臣，死事之子赏加一等。第八，厘定习俗，禁国人不准报嫂（即兄死不得以嫂为妻），禁止在丧婚娶，其烧葬令如本俗。

以上诸项，均在赵王元年。至赵王二年（320年），还继续进行了若干措施。关于礼乐方面，始制轩悬之乐，八佾之舞，又造金根车、大辂、黄屋、左纛等，天子的车旗礼乐至此具备。又徙朝臣掾属以上士族300户于襄国的崇仁里，设置公族大夫来统领他们。还制定宫殿诸门的出入制度。石勒特别注重选举，先是清定五品，以张宾管领选举事宜，又继续定为九品。以张班为左执法郎，孟卓为右执法郎，典定士族，协助张宾负责选举工作。他命令群寮和州郡每年各举秀才、孝廉以至贤良、直言、武勇之士各一人。确定士族品级，选举贤才，吸收汉族地主阶级参与政权，这对巩固后赵的统治是有利的。

□ 文苑拾萃

石勒城遗址

石勒城遗址为山西省重点文物保护单位，在襄垣县城东北25千米的西营镇城底村北200米处。石勒城背山面水，西、南为悬崖陡岸，山川险固，总面积为80万平方米。据《襄垣县志》记载："晋大兴二年（319年）石勒世居襄国，称赵王，后改上党，筑城于城底村北。以积刍米，其址犹存。"城底村由此得名。城底村西500米处西营村为石勒屯兵营地，城底东北的护驾脑村为石勒的护兵驻地，城底村东的花果园村为石勒的花园。城址遗存在地面上的城墙，残长27米，高6米，底宽6米，城墙为夯土筑成，夯窝直径9—10厘米，夯土层为10—11厘米，遗址东西长1000余米，南北宽800余米，城墙基础大部清晰可辨。遗址内涵丰富，遍地遗存有绳纹陶片、瓦当、绳纹砖块，并出土有战国布币、汉代陶壶、简镞等珍贵文物，这对研究两晋时期建筑史提供了宝贵资料。

1959年，山西省列石勒城为省重点文物保护单位，1965年下放为县保单位，1981年3月20日襄垣县革命委员会公布为县重点文物保护单位。

第三篇
办学有方人才辈出

孔子创办私学兴教育

孔丘（前551年—前479），字仲尼，排行老二，汉族人，春秋时期鲁国人。孔子是我国古代伟大的思想家和教育家，儒家学派创始人，世界最著名的文化名人之一，他编撰了我国第一部编年体史书《春秋》。据有关记载，孔子出生于鲁国陬邑昌平乡（今山东省曲阜市东南的南辛镇鲁源村）；孔子逝世时73岁，葬于曲阜城北泗水之上，即今日孔林所在地。孔子的言行思想主要载于语录体散文集《论语》及先秦和秦汉保存下的《史记·孔子世家》。

我国是一个历史悠久且文化源远流长的文明古国。作为人类传递文明重要手段的教育，不但与史俱生，而且在这个过程中起着重要的作用。

原始社会里，尚无文字，但是，有巢氏教民"构木为巢，以避群害"，燧人氏教民"钻燧取火，以化腥臊"，以及神农氏教民稼穑务农，伏羲氏教民结网捕鱼等的传说，都生动地反映了这个时候人们的教育生活。

进入奴隶社会以后，学校兴起，教育事业开始发达起来。《礼记·学记》说："古之教者，家有塾，党有庠。术（遂）有序，国有学。"《孟子·滕文公上》也记述说，夏朝管教育的机构叫校，商叫序，而周叫庠。名称可能有所不同，但是，政府都已经设有专一负责教育的学校，这是肯定的。

这时候的教育，就其性质说是奴隶主贵族的教育，是为奴隶主贵族政治统治和社会生活服务的。就学之人，则为贵族子弟；就其形式讲，则是"学在官府"的官学教育。一切学校都隶属于政府，所有的教师也莫不是"官"，而且世代相承，垄断了文化。

这种"学在官府"，教育全由贵族官吏们垄断的局面，严重地阻碍了学术、教育思想的发展，限制了受教育者的阶层、人数，并且不利于学术知识的广泛交流。当然，在这种情况下，私人的著述、学派便更是无从产生了。

到了春秋时期，我国的奴隶制度已经衰落，奴隶社会即将走到尽头。那时，铁器、牛耕出现了，原来的国有土地井田制开始瓦解。公元前594年，鲁国实行税亩制，按亩抽税标志着私田被国家正式承认。随之，地主阶级在私田上也产生出来。经济基础的变革，反映到了上层建筑。周天子再不能够控制诸侯，诸侯则常常面临被大夫篡位的危险，所谓礼、乐征伐自天子出的老局面已被打破，开始出现了"自诸侯出"乃至"自大夫出"或"陪臣执国命"的情况。奴隶社会的分封制度已呈现出了土崩瓦解的衰象。

与这些情况相适应的是，文化上的"学在官府"局面也难以维持下去，不是"天子失官，学在四夷"，就是"学校不修"；社会上则出现了一股学术下移的热潮。据史书记载，那时候，有郑国邓析办私学的事。他自编《竹刑》专一教人打官司"学讼"；有郑国伯丰子办的私学，还有鲁国少正卯办的私学。据说，少正卯还与孔子争夺学生，几乎搞垮孔子。但是必须看到，这个时候影响最大、成就最显著的还是孔子的私学。

　　孔子大约在30岁时开始创办私学，教授生徒。有时授业于曲阜城北的学舍，更多的则是在他出游时，由弟子们相随，边周游列国，边传授知识。他的教学内容是所谓"六艺"（《诗》《书》《礼》《易》《乐》和《春秋》）；教学对象则不限于贵族子弟，而是扩展到了平民百姓，"有教无类"，"自行束脩（一捆干肉）以上，吾未尝无诲焉。"因此，孔子所教过的学生有3000人，而精通六艺的有72人，在当时可谓盛极一时。孔子和他的弟子们终于形成了一个一直被史家称作"显学"的儒家学派。

■故事感悟

　　孔子顺应时势，励行改革，创办私学，意义十分重大。他带了一个头。以后，私学便如雨后春笋般地出现在中国的大地上。到了战国时期，私学更是显赫一时，影响甚大的有属于儒家学派的孟子私学、荀子私学，墨家学派的墨子私学，道家学派的稷下黄老私学和庄子私学，法家学派的私学，等等，于是，我国历史上便呈现出了一个学术空前繁荣昌盛的"百家争鸣"时期。

■史海撷英

孔子周游列国

　　春秋后期，鲁定公十三年（公元前497年），孔子在自己的父母国——鲁国负责司法的大司寇任上，与鲁国的执政季桓子严重对立，他只得带着数十个弟子离开了鲁国，开始周游列国，希望能说服所到国的诸侯，让他入仕，推行他的"仁政德治"的政治纲领。

《论语》

　　《论语》是儒家学派的经典著作之一，《论语》是由孔子的弟子及其再传弟子编撰而成。它以语录体和对话文体为主，记录了孔子及其弟子的言行，集中体现了孔子的政治主张、论理思想、道德观念及教育原则等。《论语》与《大学》《中庸》《孟子》《诗经》《尚书》《礼记》《易经》《春秋》并称"四书五经"。通行本《论语》共 20 篇。

孟子重教学有方

孟子（约前372—前289），名轲，字子舆（待考，一说字子车或子居），战国时期鲁国人，鲁国庆父后裔。孟子是中国古代著名的思想家、教育家，战国时期儒家代表人物，其著有《孟子》一书。孟子继承并发扬了孔子的思想，成为仅次于孔子的一代儒家宗师，有"亚圣"之称，与孔子合称为"孔孟"。

孟子出身于战国中期一个破落的贵族家庭，小时候家境已不富裕。知书识礼的母亲仇氏期望他将来能够成才，干出一番事业，便把他送进邹国（今山东省邹县东南）的学宫读书。

起初，孟子贪玩，学习不怎么用功。有一次，孟子放学回家，正坐在织机前面织布的孟母让他背诵《论语》的《学而》篇，他翻来覆去只会背开头一句："子曰：'学而时习之，不亦说乎！'"孟母非常生气，顺手抓起剪刀，"嘶"的一声，把织机上刚织的布匹剪成两半，说他不刻苦学习，就像被剪断的麻布一样，将来成不了才。经过这次教育，孟子才开始认真读书。

十五六岁时，孟子又到鲁国曲阜寻找孔子的后代，拜孔子之孙子思

（又名孔伋）的门徒为师，跟他学习儒学。在学习中，孟子不断总结经验，摸索出一套学习方法，学业突飞猛进，终于成为一名学识渊博的杰出思想家、政论家和教育家。

大约在30岁左右，孟子开始仿效孔子的做法，广收门徒，传授学业。在讲学的过程中，孟子除了讲授儒学知识，还将自己的学习经验进行总结，把它们传授给学生，帮助他们提高学习成绩。

孟子强调，学习首先要专心致志，自觉探求。孟子认为，要学到一点知识，掌握一项本领，非专心致志不可。他曾经用一个非常生动的故事来启发学生，说有一个围棋高手名字叫作秋，同时教两个人下棋。一个精力集中，全神贯注，用心听讲，刻苦钻研；另一个心不在焉，虽然耳朵在听着，心里却老在盘算，如果有只天鹅在天空飞过，如何用弓箭将它射落。这样两个学生，成绩必然大不相同，不用心学习的肯定不如专心学习的。讲完这个故事，孟子说："今夫弈（下棋）之为数，小数也；不专心致志，则不得也。"下棋不过是种小技艺，如不专心致志去学，尚且不能掌握，更何况是高深的学问、高超的技艺呢。

孟子还认为，学习要有自觉性，自觉用功，自觉探求。他说："求则得之，舍则失之。"孟子举例说，木匠以及专做车轮或车厢的人，能够把制作的方法教给别人，却不能教会别人像他一样具有高超的技艺，谁要想掌握高超的技艺，就得自己刻苦摸索探求。因此，孟子说："君子深造之以道，欲其自得也。自得之，则居之安；居之安，则资之深；资之深，则取之左右逢其原，故君子欲其自得之也。"这就是说，要想得到高深的学问，就要自觉地追求；只有靠自觉追求得来的学问，才能牢固地掌握，才有深厚的功底，才能左右逢源，用之不尽。

孟子认为，学习必须遵循客观规律，循序渐进。他说："离娄之明，公输子之巧，不以规矩，不能成方圆；师旷之聪，不以六律，不能正五音。"就是说，目力再强的人，手艺再高超的巧匠，不掌握规矩，也画不出方形和圆形；听力再好的乐师，不掌握六律，也不能调出五音。

他在和公孙丑讲养气时，进一步指出要尊重客观规律，顺乎自然，不可超越实际的可能性，急于求成。他说："必有事焉而勿正，心勿忘，勿助长也。"接着孟子向公孙丑讲了一个揠苗助长的故事，说宋国有个性急的农夫，总嫌田里的庄稼长得太慢，有一天竟把禾苗一棵棵往上拔高一点。他儿子听到后，跑到田里一看，所有的禾苗全都枯萎了。

孟子用这个寓言说明尊重规律、循序渐进的必要性，否则欲速不达，结果只能适得其反，"非徒无益，而又害之"。学习既然要循序渐进，不能急躁冒进，所以孟子又强调必须持之以恒，坚持不懈，反对"一曝十寒"。

有一次，徐辟请教孟子："孔子为什么多次称赞水呢？"他开导说："有源泉的水滚滚下流，昼夜不息，把低洼的地方灌满了，又继续往前奔流，一直流到海洋。孔子称赞的就是这种有源泉的水。假如没有源泉，一到七八月天阴多雨时，大小沟渠都流满了，但是到了天晴，很快就干枯了。""流水之为物也，不盈科不行，君子之志于道也，不成章不达。"人之为学，也要像有源泉的水那样，昼夜奔流不息。如果缺乏毅力，中途停止，就会前功尽弃。为了说明这个道理，孟子还反复用挖井、走山路和种庄稼作比喻，说："有为者辟若掘井，掘井九仞而不及泉，犹为弃井也。""山径之蹊间，介然用之而成路；为间不用，则茅塞之矣。""五谷者，种之美者也；苟为不熟，不如荑稗。"挖井如果挖到七八丈深不见泉水，不再继续往下挖，就变成一口废井；狭小的山路如果经常去走就会变成道路，停顿一段时间不走，就会被茅草堵塞；五谷如果不成熟就收割，反不如稊米和稗子，便不能食用；学习也贵在有恒，否则三天打鱼两天晒网，必将一事无成。

孟子还主张，在学习中，应该开动脑筋，勤于思考。孔子曾提出"学而不思则罔，思而不学则殆"的精辟见解，孟子继承了这个思想，提出了"心之官则思"的著名观点，认为多思出智慧，学习要多动脑筋，善于思考。孟子曾举周公为例，说他常常想要兼学夏、商、周三代的贤王，实现禹、汤、文、武四位君主所开创的业绩，遇到有同他们不合的地方，就仰头细加思考，夜以继日，一旦豁然贯通，便坐待天明，好立即付诸实施。治学也同样必须认真思考，才有所得。

有一次，在同公都子的讨论中，孟子又进一步论述他的这种主张。公都子问他："同是一样的人，为什么有的会成为大人君子，有的却沦为卑微小人呢？"他答道："听从身体重要器官支配的便成为大人君子，听从身体次要器官支配的则沦为卑微小人。"公都子感到糊涂，又问："同是一样的人，为什么有的听从身体重要器官的支配，有的却听从次要器官的支配呢？"他回答说："耳朵、眼睛一类的器官不能思考，因而容易被外物所蒙蔽，它们一和外物接触，就会被外物所迷惑。心这种器官职在思考，由于人的善性，一思考便有所得，不思考便无所得。心这种器官是上天特意给我们人类的，如果首先发挥这种器官的作用，就不会被次要的器官所迷惑而丧失善性。这便是成为大人君子的关键所在。"

孟子所说的"君子"与"小人"含有明显的阶级性。但他强调要发挥"心"即思维器官的作用，去认识和把握事物的本质而不为繁纷复杂的表面现象所迷惑，这点是正确的。

后来，孟子在晚年和他的得意门生万章、公孙丑等人"作《孟子》七篇"，还把他的这些学习经验写进书里，留给后人作借鉴。

　　孟子对学习经验的总结十分精辟，大大加强了古代人们的学习效率。经过几千年的实践，其方法也被证明是正确的，至今对我们的学习仍有一定的借鉴帮助。

■史海撷英

孟子的仁政学说

　　孟子继承和发展了孔子的德治思想，发展为仁政学说，成为其政治思想的核心。他把"亲亲""长长"的原则运用于政治，以缓和阶级矛盾，维护封建统治阶级的长远利益。孟子一方面严格区分统治者与被统治者的阶级地位，认为"劳心者治人，劳力者治于人"，并且模仿周制拟定了一套从天子到庶人的等级制度；另一方面，又把统治者和被统治者的关系比作父母对子女的关系，主张统治者应该像父母一样关心人民的疾苦，人民应该像对待父母一样去亲近、服侍统治者。

　　孟子认为，这是一种最理想的政治。如果统治者实行仁政，可以得到人民的衷心拥护；反之，如果不顾人民死活，推行虐政，将会失去民心而变成独夫民贼，被人民推翻。仁政的具体内容很广泛，包括经济、政治、教育以及统一天下的途径等，其中贯穿着一条民本思想的线索。这种思想是从春秋时期重民轻神的思想发展而来的。

■文苑拾萃

《孟子·梁惠王上》节选

　　梁惠王曰："寡人之于国也，尽心焉耳矣。河内凶，则移其民于河东，移其粟于河内。河东凶亦然。察邻国之政，无如寡人之用心者。邻国之民不加少，寡人之民不加多。何也？"孟子对曰："王好战，请以战喻。填然鼓之，兵刃既接，弃甲曳兵而走，或百步而后止，或五十步而后止。以五十步笑百步，则何如？"曰："不可。直不百步耳，是亦走也。"曰："王如知此，则无望民之多于邻国也。不违农时，谷不可胜食也。数罟不入洿池，鱼鳖不可胜食也。斧斤以时入山林，材木不可胜用也。谷与鱼鳖不可胜食，材木不可胜用，是使民养生丧死无憾也。养生丧死无憾，王道之始也。五亩之宅，树之以桑，五十者可以衣帛矣。鸡豚狗彘之畜，无失其时，七十者可以食肉矣。百亩之田，勿夺其时，数口之家可以无饥矣。谨庠序之教，申之以孝悌之义，颁白者不负戴于道路矣。七十者衣帛食肉，黎民不饥不寒，然而不王者，未之有也。狗彘食人食而不知检，途有饿莩而不知发。人死，则曰：'非我也，岁也。'是何异于刺人而杀之，曰：'非我也，兵也。'王无罪岁，斯天下之民至焉。"

梁惠王曰："寡人愿安承教。"孟子对曰："杀人以梃与刃，有以异乎？"曰："无以异也。""以刃与政，有以异乎？"曰："无以异也。"曰："庖有肥肉，厩有肥马，民有饥色，野有饿莩，此率兽而食人也。兽相食，且人恶之。为民父母，行政不免于率兽而食人，恶在其为民父母也。仲尼曰：'始作俑者，其无后乎！'为其象人而用之也。如之何其使斯民饥而死也？"

梁惠王曰："晋国，天下莫强焉，叟之所知也。及寡人之身，东败于齐，长子死焉；西丧地于秦七百里；南辱于楚。寡人耻之，愿比死者壹洒之，如之何则可？"孟子对曰："地方百里而可以王。王如施仁政于民，省刑罚，薄税敛，深耕易耨。壮者以暇日修其孝悌忠信，入以事其父兄，出以事其长上，可使制梃以挞秦楚之坚甲利兵矣。彼夺其民时，使不得耕耨以养其父母，父母冻饿，兄弟妻子离散。彼陷溺其民，王往而征之，夫谁与王敌？故曰：'仁者无敌。'王请勿疑！"

"南开"教育大家张伯苓

张伯苓（1876—1951），名寿春，字伯苓。张伯苓6岁时入私塾读书，白天在义学里念《三字经》《千字文》，放学回家后，其父再辅以教导和讲解，督促甚严。在义学中，张伯苓接触了很多贫家子弟。

张伯苓是我国著名的实业教育家，南开大学的创始人，他把毕生的精力都无私地贡献给了教育事业。而他的弟弟张彭春对南开、对天津、对中国的教育和戏剧也作出了巨大的贡献。这对兄弟在中国文化史上足以使后世"高山仰止，景行行止"。

张氏兄弟祖籍山东，先祖是从事漕运的船夫，清初离船登岸，落户天津，靠贩粮生意发家致富。到张伯苓的祖父张虔手中时，已是充满书香之气的文化家庭。张虔为国学生，因屡试不第，病逝时仅38岁。张伯苓的父亲张云藻为独生子，且兼继承五门，不以科举功名为重，酷爱音乐，醉心骑射，访求名师，弹拉吹打，无一不精，尤擅长琵琶，天津人称之为"琵琶张"。张云藻有两子三女，长子张伯苓，次子张彭春。

1891年，张伯苓考入北洋水师学堂。北洋水师学堂是洋务代表人物、北洋大臣李鸿章为培植北洋海军人才而建立的。学堂总办是船政大臣吴虞成，总教习是近代启蒙思想家、主张变法维新的严复，教习多半是留英学生，用的是洋文，念的是洋书。清政府为吸引学生，不但学费全免，还管吃管住，这对家境日趋贫困的张伯苓确实有很大的吸引力。张伯苓在水师学堂如饥似渴地学习近代科学知识，大开眼界。他是航海驾驶班最好的学生，每次考试都是名列前茅。在这期间，严复的思想对他影响很大。

1894年，张伯苓被派往北洋水师舰队实习。时值朝鲜东学党之变，清政府出兵平乱，日本也趁机出兵寻衅，遂引起中日甲午战争。战争既起，清政府的海陆军被击溃，于是急调北洋水师增援。张伯苓随北洋水师舰队参加了这一历史性战役，半年里三场大海战，北洋舰队几乎全军覆没。张伯苓死里逃生，这对他的爱国热忱是第一次沉重的打击。

1897年，承甲午败绩，国事日颓，英、德、法、俄、日等帝国主义列强纷纷染指，妄图瓜分中国。日本强迫清政府订立关于结束中日甲午战争的《马关条约》。俄、法、德三国以迫使日本交还辽东半岛有功向中国索取报酬，德国租占胶州湾，俄国强租旅顺、大连，法国租占了广州湾，而英国强租九龙与威海卫。帝国主义强盗的协议既成，清廷乃派大员乘通济舰去山东，办理接收和转让手续，张伯苓随舰前往。船到威海卫的第一天，降下日本的太阳旗，升起中国的青龙旗。第二天，又降下中国的青龙旗，升起英国的米字旗。张伯苓目睹这场"国帜三易"的接收和转让仪式，亲自尝受了这一丧权辱国的场面，气愤填膺，五内俱裂。他从威海卫归来之后，认为海军报国无望，决定退役。

甲午之战失败的教训激励了张伯苓的志气，也坚定了他一生的爱国热忱。当时科举虽还未废，而要求变法维新以求富强已成为一般有志青年的愿望。张伯苓决心创办新式教育，以教育救国。正巧，天津名绅严修（严范孙）倡办新学，1898年他聘张伯苓主持严氏家塾。在严馆执教时期，张伯苓除教授学生学习英文、数学和理化外，还提倡体育运动。那时没有体育设施，就在院子里放两张木椅，上面架一个鸡毛掸子的长竹竿，作为跳高的横杆，让学生把长辫子盘在头上，撩起长袍的衣襟，学跳高，这在当时是令人耳目一新的罕见之举。

1901年，即义和团运动的次年，天津士绅王奎章也聘请张伯苓教其子侄，是谓"王馆"。张伯苓在严、王两馆诲人不倦，循环往复。两馆教法大体相同，只是附读学生逐年增多，设备及教法都不完备。

1903年，张伯苓有感于日本是东瀛小国，居然能胜中国，挫强俄，一跃跻身于世界列强之中，必有可学之道。在严修、王奎章的鼓励下，张伯苓乘暑假航海东渡，亲眼看到日本明治维新后的盛况，领略了日本对教育的重视及办学规模和教育方法，深受启发。1904年5月，张伯苓和严修二渡扶桑，经过四个月的细心考察后回国，决定成立中学。遂将严、王两馆合并，成立"私立中学堂"。从此，他结束了家塾先生的生涯，成为学堂的学监，开始一展他的宏愿。

张伯苓自1904年创办南开中学以来，到1917年学生已满千人，中学基础日臻巩固，教育设施逐渐完善。每看到各届毕业生依依不舍地离开学校，他觉得应该向大多数学生提供继续升学的机会。社会的需要使他认识到："普通教育仅为国民教育之初步，创办高等学校乃是国家发展的根本大计。"于是，他决心赴美学习和考察。

1918年，适逢严修与范静生也赴美，张伯苓乃与严、范遍游美国各地，考察了许多私立大学的组织和实施。12月，张伯苓与严修游美归国。不久便积极筹募经费，并获徐世昌、黎元洪等人及天津士绅之助，开始筹划创办南开大学。1919年春开始建校舍，秋季落成。9月举行大学新生入学考试，25日正式上课。南开大学创办伊始就建立了理科，那时北京、上海开创许多私立大学，都是只办文、法、史、地、国学等文、法科，教师是抱着线装书去上课，而张伯苓专请留美多年的凌冰博士为大学部主任，除开设文科外，还设理科和商科，后来改称文、理、商三个学院，这在当时也是十分难得的。南开大学的兴办和发展对张伯苓来说并不意味着兴办教育的终结，建立一个完整的南开教育体系，才是他兴办教育的宏伟大略。

1923年，张伯苓建立了南开女中。1928年，张伯苓又兴致勃勃地在女生校舍对面建筑小学校舍，设立了小学部。为开展学术研究和造就高层次人才，张伯苓在兴建和完善女中和小学之后，又分别于1927年和1932年创办了南开经济研究所和应用化学研究所，从而构成了一个完整的南开教育体系。

张伯苓既以办学为救国的手段，故早就不以在天津创办学校为满足。1931年以后，日本军阀在华北屡生事端，他看到两国终不免一战，而天津定首当其冲。到了1935年，华北局势日益危急，张伯苓深为忧虑。1935年，他亲赴重庆考察后，决心在重庆建立南开中学。1936年夏，校舍落成，定名"南渝中学"，并于当年9月开学。

张伯苓把教育的宗旨归结为"公""能"两个字。他说："惟其允公，才能高瞻远瞩，正己求人。"其次才是培育学生各方面的能力。他还说："正人者必先正己，要教育学生，必先教育自己。"民国初年，他见到一名学生因吸烟手指被熏黄，便唤其入办公室加以训斥，该生则指着办公桌上的烟袋进行反驳，张伯苓立即将自己的烟袋折断丢入痰盂，从此不再吸烟。

当时，社会上的私立学校多为赚钱，南开也属私立，但它是一座赔钱的学校。南开能够维持正常运转，主要靠张伯苓到国外去募捐。他去美国募捐，总要带上南开饲养的金鱼，捐款一万美金以上的送金鱼一尾，他在学校账上支出十尾金鱼，补上的一定是十万以上的美金。张伯苓一生从国内外给南开募集的款项数以千万计，而且多属个人行为，他若提留若干入私囊，别人不会知道，也不会过问。但他绝不肯、也不屑于这样做，而是分文不差地收入南开的账户，很多人就是出于对他办学毅力的敬佩和他本人纯洁高尚的品德而慷慨解囊的。

张伯苓从不想借"南开"升官发财，他经常告诫学生："不要爱钱，够用就行了。"他痛恨腐败，对学生的要求是"不腐化，不落伍"，因为一旦腐化，就会被社会抛弃。他说："经不起考验的终必跌倒。""一旦走错道路，终生后悔无穷。"他一生不蓄私产，他常说："我用不着攒钱。""我不能给孩子们留钱，他们钱多了，就不想做事，岂不害了他们吗？我教给他们一些德行，就够他们一生享用不尽的了。"

在为南开中学服务期间，董事会给张伯苓定的薪金是每月大洋180元。后来大学部成立，董事会重新给他定薪，他说："中学部已经给我定了薪，我不能再兼薪了。"最后，还是由严范孙先生出面，给他强加了100元。可是这笔加薪他从来没有领过，一直存在学校里，作为替学生作保的赔偿金。

从办学之日起，张伯苓个人一无所有，但为了南开的发展，他不顾一切，甚至不怕赤字，不怕超支。在南开的身边，有历史悠久的北大，有经济充裕的清华，南开是个私立学校，两者皆无。但是，南开有一位清廉刚直的张校长，他能用很少的钱办很多的事，经济的短缺并不能阻碍他发展南开的雄心壮志。正是由于他那"清逸的风度，敏感的观察，永恒不息的热心，与毫无污点的人格"，终使南开成为名噪寰宇的学府。

抗日战争爆发之后，国共两党建立起抗日统一战线。1938年，国民党政府在全国人民要求团结抗日的压力下，在汉口成立了国民党参政会。蒋介石为了装潢门面，拉拢在南方有一定声望的张一麟和在北方颇有影响的张伯苓担任参政会的副议长。1948年初，国民党政府改组，约请张伯苓出任考试院院长。7月，张伯苓到南京后，目睹了国民党政府的政治黑暗腐败。年末，他以"体弱需静养"为借口，离开了南京考试院，回到重庆沙坪坝南开中学的老寓所，终日深居简出。

1951年2月23日，张伯苓在天津因病逝世，享年76岁。病逝时，张伯苓身上只有几元准备乘电车的零用钱。至死，他都一贫如洗，但在后继者的心目中他是最富有的。张伯苓在遗嘱中说，他对国家、对民族无限光明的前景充满信心，希望后来者同心同德"以建设富强康乐之新中国"。

2004年，中国电视艺术家协会、天津人民艺术剧院、天津电影制片厂、天津电视台等单位联合拍摄了20集电视连续剧《张伯苓》，以庆贺南开百年华诞、天津建城600周年。该剧突出表现了张伯苓强烈的爱国主义精神、百折不挠的坚韧品格和为国家培养栋梁之才的远见，充分展示了张伯苓高尚的道德修养和人格魅力。张伯苓是天津优秀文化的载体和亮点，必将被人民永久缅怀。

□故事感悟

张伯苓先生一生致力于教育救国，创造了中华教育史上一道辉煌篇章——"南开"教育，为中华民族的振兴作出了巨大贡献。

□史海撷英

张伯苓在中国奥运史上的六个第一

张伯苓是我国奥林匹克运动的最早倡导者和奥林匹克精神的最早传播

人，是著名的奥林匹克教育家。他对奥林匹克运动有六大贡献，堪称六个第一。

一是最早提出：中国要加入奥林匹克大家庭。

梁吉生谈到，张伯苓先生最早提出了中国应当关注奥林匹克运动，加入国际奥林匹克大家庭。早在100多年前，即1907年10月24日，他在天津第五届学校运动会颁奖仪式上发表演说时指出："此次运动会的成功，使我对吾国选手在不久的将来参加奥林匹克运动充满了希望。""我国应立即成立一奥林匹克运动会代表队。"

二是最早参与：创建和组织"远东奥林匹克运动"。

张伯苓先生最早参与了"远东奥林匹克运动"（后改称远东运动会）的创建和组织工作。张伯苓是远东体协成员之一，参加过第二、三、五、八、九届远东运动会，担任过第二、三、九届远东运动会的中国领队和第三、五届远东运动会的大会总裁判。远东运动会于1920年被国际奥委会承认，是世界上第一个与国际奥委会发生联系的区域性体育组织。

三是最早提倡：奥林匹克教育入课本。

张伯苓先生最早把奥林匹克教育列入学校课程，通过实施奥林匹克教育推动校园体育课程建设。他在创办南开学校之初，就明确提出，教育一事，尤要在造成完全人格，德、智、体三育并进而不偏废。这体现了奥林匹克与素质教育目标的一致性。尤其应当注意的是，早在20世纪20年代，张伯苓就率先把奥林匹克教育列入了体育科学教学大纲中。1929年10月印行的《天津私立南开中学一览》中"体育学科"教学大纲的"高级中学"部分，就明确写着要讲授"西洋体育史纲要"和"世界、远东、全国、华北运动会之历史及组织法"。

四是最早创建：中华全国体育协进会。

张伯苓先生最早发起创建中华全国体育协进会，并长期担任该会的领导。中华体育协进会努力推进与国际奥委会的联系，积极参加国际体育组织，先后加入了国际足球协会、国际游泳协会、国际草地网球协会、国际技巧协会等，并选派观察员出席在荷兰阿姆斯特丹举行的第九届奥运会。1931年，中华全国体育协进会被国际奥委会正式承认为团体会成员，这标志了中国从此成为国际奥委会大家庭的一员。

五是最早促成：中国奥运健儿参赛。

张伯苓先生最早促成了中国运动员正式参与奥运会的项目比赛。1932年，张伯苓与张学良及体育协进会领导一起，积极主持我国著名短跑运动员刘长春赴洛杉矶参加第十届奥运会，并亲自为刘长春向国际奥委会报名，刘长春参加了百米比赛项目，从而开启了中国运动员正式参加奥运会比赛的历史。

六是最早发起：中国举办奥运会。

张伯苓最早参与发起了中国举办奥运会的活动。1945年9月7日，张伯苓主持抗战胜利后第一次中华体育协进会常务理事会议，会议一致同意邀请1952年第十五届奥运会在中国举行。张伯苓还负责"向政府商洽"此事。

■文苑拾萃

张伯苓先生纪念园

张伯苓先生纪念园位于天津元宝山庄生命纪念公园，于2004年4月10日建立。纪念园的建立，让更多的人在缅怀张伯苓先生的同时，将缅怀之情化为一种爱国热忱，在更广泛、更深刻的层次上影响人、唤醒人、教育人。

陶行知"教育救国"

陶行知（1891—1946），汉族，安徽歙县人。陶行知是中国人民教育家、思想家，民主主义战士，伟大的共产主义战士，爱国者，中国人民救国会和中国民主同盟的主要领导人之一。他曾任南京高等师范学校教务主任，继任中华教育改进社总干事。先后创办晓庄学校、生活教育社、山海工学团、育才学校和社会大学。他提出了"生活即教育""社会即学校""教学做合一"三大主张。生活教育理论是陶行知教育思想的理论核心。陶行知的著作有《中国教育改造》《古庙敲钟录》《斋夫自由谈》《行知书信》《行知诗歌集》。

陶行知先生于1891年生于安徽歙县西乡黄潭源村一个贫寒的教师之家。1917年秋，陶行知留学回国，先后任南京高等师范学校、东南大学的教授、教务主任等职，开始他富于创意而又充满艰辛的教育生涯，并开始研究西方教育思想，他结合中国国情，提出了"生活即教育""社会即学校""教学做合一"等教育理论。他特别重视农村的教育，他认为在3亿多农民中普及教育至关重要。

陶行知投身教育，与他生长的环境息息相关。陶行知生活的年代是祖国的危难之际、多事之秋。自鸦片战争爆发以后，中国由一个闭关自守的封建社会，到被帝国主义列强们用枪炮打开国门，被迫对外开放，成为一个半殖民地、半封建的社会。生活在这样一个时代的陶行知，亲眼见到生活在社会最底层的广大劳动人民，特别是占中国人口80%以上的农民们过着贫穷、愚昧、落后，受压迫、受欺凌的悲惨生活；另一方面，在美国留学的经历也使陶行知更深地认识到祖国传统教育的一些弊病，并立志去改造。他亲眼见到了世界一些发达国家中先进的东西，先进国家与落后国家之间的强烈反差重重地刺激着陶行知那颗忧国忧民的心，他热切地希望祖国能够尽快地改变贫穷落后的面貌，早日跨入世界先进国家的行列。

陶行知从美国学成归国之时，正值国内兴起新文化运动，他马上以极大的热情投身教育改革，并决心改变只为上层统治者服务的办学方式，用平民教育为"中国教育寻觅曙光"。他认为，中国教育改造的根本问题在农村，主张"到民间去"。他还立下宏愿，要筹措100万元基金，征集100万位同志，提倡开设100万所学校，改造100万个乡村。

为了实践理想，1926年，陶行知在南京神策门外老山脚下的小庄创建了一所乡村师范学校，自任校长，还改地名为"晓庄"，取日出而作之意。在这所驰名中外的晓庄师范，陶行知脱去西装，穿上草鞋，和师生一起开荒，一起建茅屋。他提出"生活即教育"，"社会即学校"，"教学做合一"，"在劳力上劳心"等理论，目的是要"发展学生的生活本领"。

抗日战争期间，陶行知又在重庆创办了育才学校，把"生活教育"理论运用在培养"人才幼苗"的实践中。育才学校择优选拔有特殊才能的优秀儿童，并根据学生的兴趣和条件聘请大批专家学者担任教师。校内不仅教学生文化课，还努力与社会实践紧密结合。陶行知又派学生戴爱莲等人到八路军驻渝办事处学习《兄妹开荒》等秧歌剧，在校内组织演出。他还倡导学习"南泥湾精神"，他带领师生开荒30亩，建立了育才农场。这种中国近代教育史上引人瞩目的创举，使陶行知独特的教育理论和实践誉满中外。

陶行知在投身平民教育时也时刻关注社会上的政治运动。1930年春，晓庄师范师生为抗议英商和记洋行工人被殴，举行游行示威。时值蒋冯大战，因陶行知与冯玉祥有私交，蒋介石断定晓庄事件是响应冯玉祥的反蒋行动，遂怒令关闭晓庄师范并通缉校长，陶行知被迫流亡日本。后通缉解除，过了一年陶行知才回到上海，从此更立志反抗蒋介石的独裁统治。

面对外患日深和国内的黑暗统治，陶行知感到不能只坐在校园书斋。"一二·九"运动爆发后，他与宋庆龄、邹韬奋等著名人士发起成立了全国各界救国联合会。1936年7月，他担任了救国会的"国民外交使节"，出访欧亚非26国，争取各地华侨和国际友人支持中国的抗日斗争。途经香港时，他与沈钧儒、章乃器等联合发表《团结御侮宣言》，赞同中国共产党建立抗日民族统一战线的主张。

在争取民主并为群众争取教育权利的长期奋斗中，陶行知阅读了许多马列著作和中共中央文件，在思想日益一致的基础上同共产党人结下了深厚的友谊。出访欧洲期间，陶行知曾三次拜谒马克思墓，并赋诗曰："光明照万世，宏论醒天下。"他在重庆主办育才学校时，又邀请邓颖超对师生进行革命传统教育。

陶行知因长期劳累，健康过损，1946年7月25日在上海爱棠路爱棠新村突然去世。

"生活即教育"是陶行知生活教育理论的核心。在陶行知看来，教育和生活是同一过程，教育含于生活之中，教育必须和生活结合才能发挥作用，他主张把教育与生活完全熔于一炉。"生活即教育"的核心内容是"过什么生活便是受什么教育"。陶行知认为，人们在社会上生活不同，因而所受的教育也不同，"过好的生活，便是受好的教育；过坏的生活，便是受坏的教育；过有目的的生活，便是受有目的的教育。"他还指出："生活教育与生俱来，与生同去。出世便是破蒙；进棺材才算毕业。"可见，陶行知所说的"教育"是指终生教育，它以"生活"为前提，不与实际生活相结合的教育就不是真正的教育。他坚决反对没有"生活做中心"的死教育、死学校、死书本。

陶行知认为，"生活主义包含万状，凡人生一切所需皆属之"。"生活"不是人们通常狭义的理解，而是"包含广泛意味的生活实践的意思"。"生活"是包括整个自然界和人类社会生活的总体，是人类一切实践活动的总称。"生活即教育"就其本质而言，是生活决定教育，教育改造生活。具体讲，教育的目的、内容、原则、方法均由生活决定；教育要通过生活来进行；整个的生活要有整个的教育；生活是发展的，教育也应随时代的前进而不断发展。教育改造生活是指教育不是被动地由生活制约，而是对生活有能动的促进作用。生活教育的实质体现了生活与教育的辩证关系。陶行知认为："在一般的生活里，找出教育的特殊意义，发挥出教育的特殊力量。同时要在特殊的教育里，找出一般的生活联系，展开对一般生活的普遍而深刻的影响。把教育推广到生活所包括的领域，使生活提高到教育所瞄准的水平。"

"社会即学校"来源于杜威的"学校即社会"，是在对杜威教育思想批判的基础上得出的。陶行知认为，在"学校即社会"的主张下，学校里的东西太少，不如反过来主张"社会即学校"，教育的材料、教育的方法、教育的工具、教育的环境，都可以大大地增加，学生、先生也可以多起来。"社会即学校"是与"生活即教育"紧密相连的，是"生活即教育"同一意义的不同说明，也是它的逻辑延伸与保证。因为生活教育的"生活"是社会生活，所以"整个社会的运动，就是教育的范围，不消谈什么联络而它的血脉是自然相通的"。

"社会即学校"的根本思想是反对脱离生活、脱离人民大众的"小众教育"，主张用社会各方面的力量打通学校和社会的联系，创办人民所需要的学校，培养社会所需要的人才。真正把学校放到社会里去办，使学校与社会息息相关，使学校成为社会生活所必须。因此"社会即学校"的真正含义就是根据社会需要办学校。从教育内容说，人民需要什么生活就办什么教育；从教育形式来说，适宜什么形式的学校就办什么形式的学校。"社会即学校"不是学校消亡论，而是学校改造论，改造旧学校以适应社会发展的需要。

这是生活教育理论的教学论。"教学做合一"用陶行知的话说，是生活现象之说明，即教育现象之说明。在生活里，对事说是做，对己之长说是学，对人之影响说是教，教、学、做只是一种生活之三方面，不是三个各不相谋的过程。"教、学、做是一件事，不是三件事。我们要在做上教，在做上学"。他用种田为例，指出种田这件事要在田里做的，便需在田里学，在田里教。在陶行知看来，"教学做合一"是生活法，也是教育法，它的含义是教的方法根据学的方法，学的方法要根据做的方法，"事怎样做便怎样学，怎样学便怎样教。教而不做，不能算是教；学而不做，不能算是学。教与学都以做为中心"。由此，他特别强调要亲自在"做"的活动中获得知识。

陶行知特别重视生活教育的作用，他把生活教育当作改造中国教育、改造社会的唯一出路。在陶行知看来，有了生活教育就能打破"死读书、读死书、读书死"的传统旧教育；有了生活教育，就能"随手抓来都是学问，都是本领"，接受了生活教育就能"增加自己的知识，增加自己的力量，增加自己的信仰"。陶行知不把生活教育当作衡量教育、学校、书本甚至一切的标准。他说："没有生活做中心的教育是死教育，没有生活做中心的学校是死学校，没有生活做中心的书本是死书本。在死教育、死学校、死书本里鬼混的人是死人。"生活教育理论在反传统的旧教育上具有一定的积极意义，它揭露并批评了旧教育存在的问题，同时提出了解决问题的具体办法，在当时的历史下，对普及识字教育、扫除文盲等方面是适宜的。

■ 故事感悟

近代中国的危机多难，使"教育救国"成为许多知识分子的梦想，陶行知正是其中最为杰出的人物之一。他以"捧着一颗心来，不带半根草去"的赤子之忱，为中国教育探寻新路。最可贵的是，他不仅在理论上进行探索，又以"甘当骆驼"的精神努力践行平民教育，三十年如一日矢志不移，其精神为人所同钦、世所共仰。

■ 史海撷英

"一二·九"运动

华北事变后，民族危机空前严重。中国共产党发出停止内战、一致抗日的号召，推动了全国抗日救亡运动的高涨。处在国防最前线的北平学生，痛切感到"华北之大，已经安放不得一张平静的书桌了"。1935年春夏之交，中共河北省委特派员李常青抵达北平，建立由彭涛等组成的中共北平临时工作委员会，指定周小舟负责中华民族武装自卫委员会北平分会的工作。在中共北平临时工作委员会的领导下，1935年11月18日，北平市大中学校学生联合会成立。随后，学联决定以请愿的方式，发动一次抗日救国行动。12月6日，北平15所大中学校发表宣言，反对华北"防共自治"，要求国民党政府讨伐殷汝耕，宣布对日本的外交政策，动员全国对敌抵抗，切实开放人民言论、结社、集会自由。这时，传来冀察政务委员会将于12月9日成立的消息，北平学联党团决定在这一天进行抗日救国请愿。12月7日，北平学联召开各校代表会议，议定请愿游行的集合时间、行动路线和口号等。会后，各校学生自治会紧张地进行动员和准备工作。

12月9日，寒风凛冽，滴水成冰。在黄敬、姚依林、郭明秋等共产党员的组织和指挥下，参加抗日救国请愿游行的爱国学生涌上街头。走在队伍前列的是东北大学、中国大学、北平师范大学和市立女一中等校的学生。警察当局事先得知学生要请愿游行，清晨即下达戒严令，在一些街道要冲设了岗哨。清华大学、燕京大学等城外学生被军警阻拦，在西直门同军警发生冲突。上午10时许，城内一两千名学生冲破军警的阻拦，汇集到新华门前。他们高呼"停止内战，一致对外""打倒日本帝国主义""反对华北五省自治""收复东北失地""打倒汉奸卖国贼""武装保卫华北"等口号，表达了全国人民抗日救国的呼声。各校临时推举董毓华、宋黎、于刚等12人为代表，向国民党政府军事委员会北平分会代委员长何应钦递交请愿书，提出6项要求：第一，反对华北成立防共自治委员会及其类似组织；第二，反对一切中日间的秘密交涉，立即公布应付目前危机的外交政策；第三，保障人民言论、集会、出版自由；第四，停止内战，立刻准备对外的自卫战争；第五，不得任意逮捕人民；第六，立即释放被捕学生。何应钦避而不见。请愿不成，群情激愤，各校代表当即决定改为示威游行。队伍由新华门出发，经西单、西四，然后奔向沙滩、东单，再到天安门举行学生大会。一路上，不时有冲出军警包围的法商学院、北平大学医学院、中法大学、北京大学等大中学校的学生加入游行行列，队伍逐渐扩大到五六千人。行进中，学生们向沿街的群众宣讲抗日救国的道理，散发传单，得到群众的鼓掌和支持。当游行队伍前锋到达王府井大街，后尾尚未走出南池子时，大批警察手执大刀、木棍、水龙，对付手无寸铁的爱国学生。爱国学生不畏强暴，队伍仍在继续前进。这时，警察打开水龙，冰冷的水柱喷射在学生们身上，接着警察又挥舞皮鞭、枪柄、木棍殴打学生。学生们与军警展开英勇的搏斗，有百余人受伤，游行队伍被打散。

12月18日，中华全国总工会发表《为援助北平学生救国运动告工友书》，号召全国各业、各厂的男女工友起来召集群众会议，发表宣言和通电，抗议汉奸卖国贼出卖华北与屠杀、逮捕爱国学生。12月21日，上海市总工会通电声援北平学生，呼吁全国同胞一致兴起，集合整个民族的力量，反对任何伪组织之存在，以维护主权而保卫国土。广州铁路工人和上海邮务、铁路工人举行集会，发通电，要求对日宣战。鲁迅、宋庆龄等爱国知名人士赞扬爱国学生的英勇奋斗精神，捐款支持学生抗日救国运动。海外华侨也以各种方式支援爱国学生。"一二·九"运动广泛地宣传了中国共产党停止内战、一致对外的抗日主张，掀起了全国抗日救国运动的新高潮。